新版

東学農民戦争と日本

もう一つの日清戦争

中塚　明　奈良女子大学名誉教授
井上勝生　北海道大学名誉教授
朴孟洙《パク　メンス》　韓国・円光大学校名誉教授

高文研

はじめに

――一つの髑髏から日韓共同の歴史の発掘・解明まで

中塚明

❖「韓国東学党首魁ノ首級」

一九九五（平成七）年七月、北海道大学で、文学部のある研究室から、新聞紙に包まれ、ダンボール箱に入れられたまま放置されていた人間の頭骨六体が見つかりました。その一つには、

韓国東学党首魁ノ首級ナリト云フ　佐藤政次郎氏ヨリ

と墨で書かれていました。「首級」とは「うちとった首」のことです。さらにこの頭骨には一枚の書付が添えられていました。全文は次の通りです。（原文のカタカナをひらがなに変え、ふりがな、句読点などをつけました。）

髑髏《どくろ》（明治三十九年九月二十日　珍島に於て）

右は明治二十七年韓国東学党蜂起するあり、全羅南道珍島《チンド》は彼れが最も猖獗《しょうけつ》（悪いことがはびこる）を極めたる所なりしが、これが平定に帰するに際し、その首唱者数百名を殺し、死屍《しし》道に横《よこた》はるに至り、首魁《しゅかい》（首謀者）者はこれを梟《きょう》（さらし首）にせるが、右はそのひとつなりしが、該島視察に際し採集せるものなり。
佐藤政次郎

日本の国立大学の研究室で長年にわたり髑髏が放置されていたのです。衝撃的な事件でした。頭骨の放置は人間への冒涜《ぼうとく》であり、許されないことです。

北海道大学文学部では事態を重視し、見つかった翌日、「古河講堂『旧標本庫』人骨問題調査委員会」を設置し、頭骨が持ち込まれた事情など、詳しい調査を始めました。翌年には中間報告書を公表、韓国の「東学農民革命軍指導者遺骸奉還委員会」の求めに応じ、韓国から代表団を迎えて奉還式を行い、文学部長や調査委員が韓国への共同奉還に同行し、さらに韓国の研究者といっしょに現地での調査も行われました。

調査からさまざまなことがわかってきました。「佐藤政次郎」という人は、札幌農学校（「青年よ、大志を抱け」のクラーク先生が教頭をつとめた学校で、北海道大学の前身）出身の農業技師で、日露戦争後、一九〇五年、日本が韓国に「保護条約」を押しつけたその翌年には、「韓国統監府勧業模範場木浦《モッポ》出張所」に勤務していました。

木浦から珍島は近いのです。当時、珍島では日本の政策で綿花栽培が進められ、佐藤は「明治

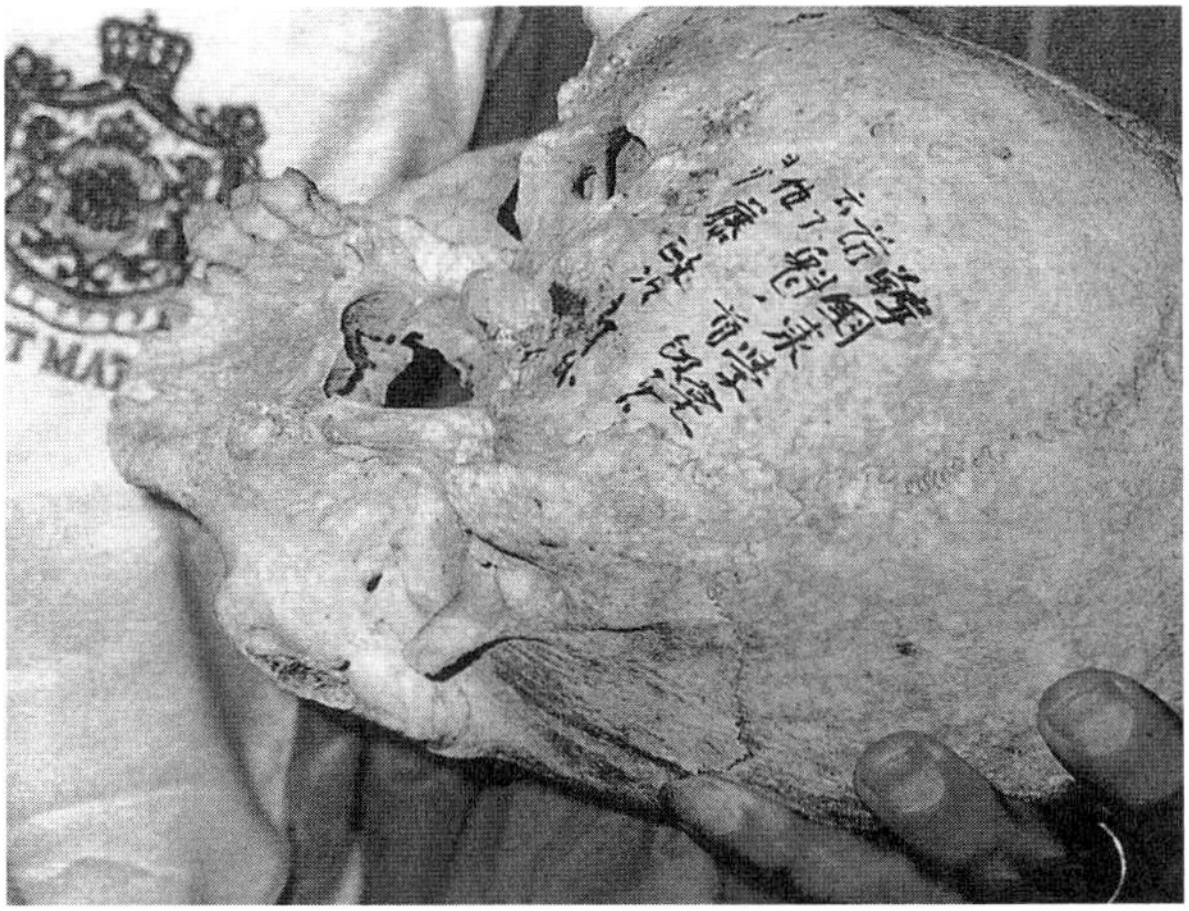

北海道大学で見つかった頭骨（『東学農民革命のむかしと今』東学農民革命記念館、2005 年刊より）

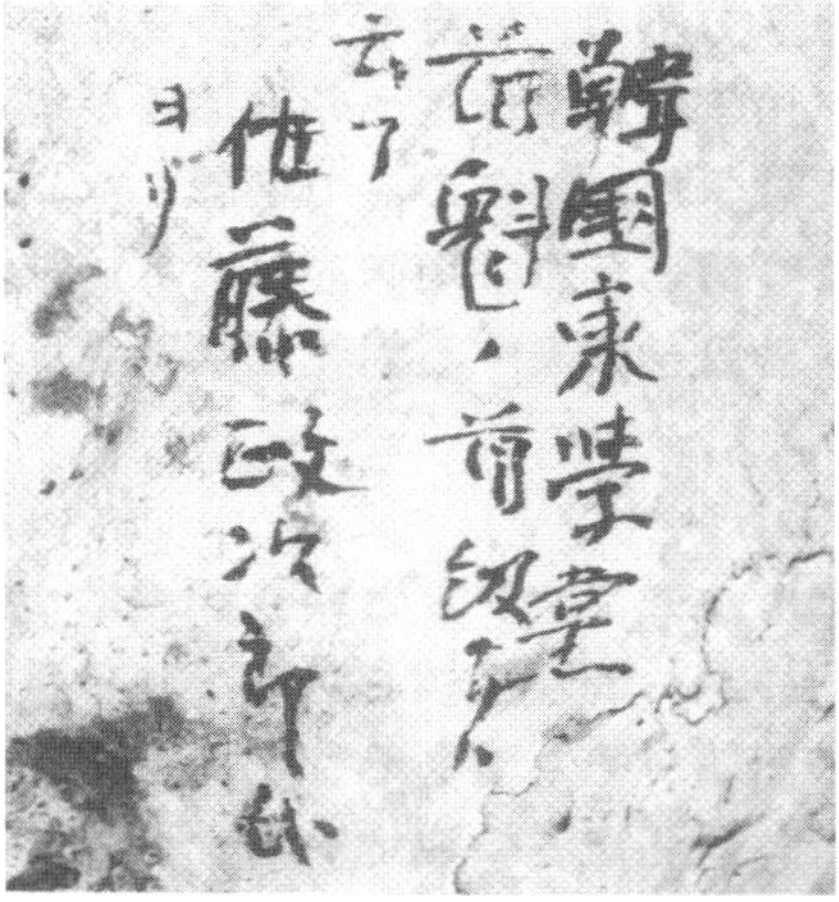

頭骨に墨で書かれていた文字（『古河講堂「旧標本文庫」人骨問題報告書』同調査委員会より）

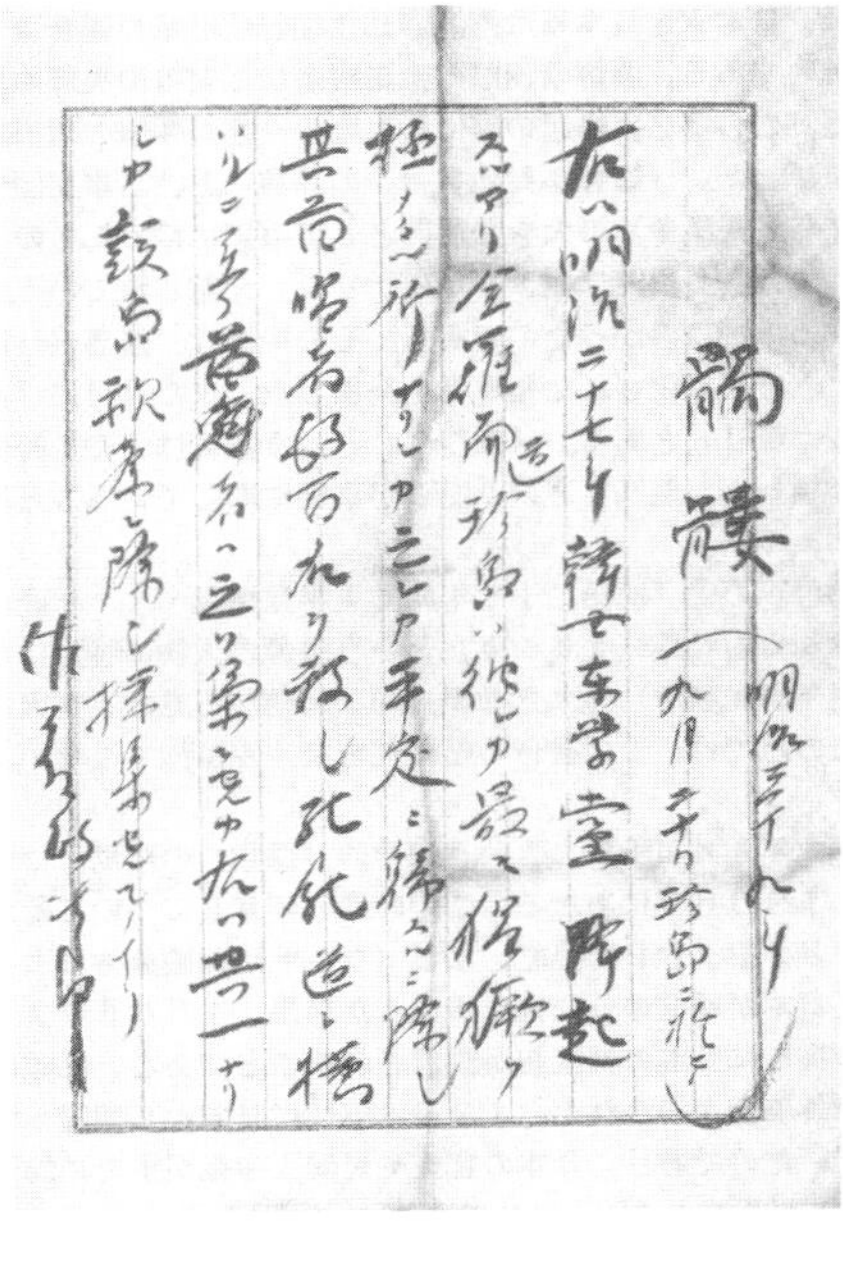

頭骨に添えられていた書付（出典同上）

三十九年九月二十日」、珍島の綿花採種圃《ほ》で行われた韓国の小作人に奨励金を支給する儀式に出席しています。そしてその式場から一キロ近くの山裾《すそ》に日本軍が置き去りにした東学農民軍指導者の遺骨を「採集」したものと見られています。

このドクロをめぐって、北海道大学文学部教授（当時）の井上勝生《かつお》さん（日本近代史）をはじめとする日本側研究者の徹底した調査、これを機に北海道大学に留学して日本に残されている東学関係史料の調査蒐集にあたった韓国・円光大学校教員の朴孟洙《パクメンス》さん（東学史研究）たち、日・韓双方の共同研究・交流がすすみ、深まりました。

✣日清戦争の第一撃は朝鮮の王宮占領だった

北海道大学でそのドクロが見つかる一年前、一九九四年のことです。私（中塚）は福島県の県立図書館で、日本の陸軍参謀本部で書かれた日清戦争開始直前の朝鮮王宮占領についての詳しい記録（公刊戦史を刊行する前の草案）を見つけていました。奇《く》しくも日清戦争開始から一〇〇年目の年でした。

「清国（中国）が朝鮮の独立をないがしろにしている、日本は「朝鮮の独立」のために戦うのだ」、それが清国との交戦目的として日本政府が内外に宣言した大義名分です。

ところが、その戦争での日本軍の第一撃が、なんと朝鮮の国王が住んでいて同時に国の政治の中枢である王宮＝景福宮の占領であった――ということを、日本軍の戦争指導の最高機関である参謀本部が詳しく記録していたのです。

公刊されている日本陸軍の日清戦史には、このことは書かれていません。朝鮮の王宮を占領して国王を事実上日本軍の擒《とりこ》にし、朝鮮の軍隊の武装解除をしたことなどを書くと、「朝鮮の独立のため」にこの戦争をするんだと内外に宣言した天皇の開戦の詔勅《しょうちょく》と矛盾する、そんなことは書かないことにしよう、と参謀本部の部長会議で決めたのです。その結果、公刊された戦史では、日本軍が王宮の外の道を行進していたら王宮の中から朝鮮兵に撃たれた、それでやむをえず応戦し、王宮にはいって「国王を保護」したのだ、とウソの話につくりかえてしまいました。

日本陸軍の戦争指導の最高機関である参謀本部が、歴史を偽造していたのです。そのことが参謀本部自身が書いた記録、日清戦史の「草案」によって明らかにされたのです。それが福島県立図書館で朝鮮王宮占領の記録が見つかったもっとも大きな意味でした。

私は、ことのいきさつをまとめて本を書くことにしました。一九九七年に刊行した『歴史の偽造をただす』（高文研刊）です。

日本軍による王宮占領は朝鮮人の大きな怒りを招きました。東学農民軍がふたたび蜂起し、何万もの朝鮮人が日本軍の侵略と戦ったのも、この王宮占領を黙って見過ごすことができなかったからです。

✣日韓間の研究と交流がすすむ

日本軍による王宮占領と国王の拘束に抗議して立ち上がった朝鮮人は、日本政府・軍の方針で皆殺しの目にあいました。それぱかりか日清戦争から一五年後には、朝鮮（一八九七年に国号を大韓帝国とかえます）は国を滅ぼされ、日本の植民地とされました。

もともと一つの国、一つの民族であった朝鮮は、日本の植民地とされたため、一九四五年、日本が第二次世界大戦に敗北すると、アメリカとソ連の占領下におかれ、南と北、韓国と北朝鮮に分断され、いまだに、民族は一つという、世界のどこでもそれが自然な本来の姿にもどれないでいます。

以上に見たように、一九世紀の中ごろ以後、韓国・朝鮮にとっては、日本は一方的な加害者でした。

こうした韓国・朝鮮の人たちと、いま日本人はどうすれば和解できるのでしょうか。このような歴史が横たわっている上に、現実にもさまざまな政治的問題がからんで、和解は容易なことではありません。

しかし、和解は決して不可能ではありません。その第一歩は、過去の歴史の事実をかくさず明らかにし、その事実の前に謙虚であることです。

北海道大学で見つかった「韓国東学党首魁ノ首級」をめぐって、北海道では井上勝生さんをはじめとする歴史の研究者が中心になって、真相究明に懸命の努力がはらわれました。それは現在も続いています。

福島県立図書館で見つかった朝鮮王宮占領の記録は、韓国・中国でも翻訳出版され、日本の公権力による歴史偽造の事実が国際的にも明らかにされました。

韓国で一九八〇年代に率先して民主化運動にあたり、同時に韓国での人びとの生存と平和の道を東学研究のなかに探っていた朴孟洙さんは、日本における東学農民軍関係の資料を求めて北海道大学の井上勝生さんのもとに留学してきました。井上勝生、朴孟洙、そして中塚明が一九九七年の秋に札幌ではじめて出会いました。こうして東学農民軍の歴史を明らかにする日本と韓国の歴史研究者の交流が進むことになりました。

❖民間交流が新しい歴史をきりひらく

折から日本では、歴史の教科書をめぐって事実をゆがめる動きがすすみ、たしかな歴史の事実を知ることがいっそう切実に求められました。

そういうなかで、二〇〇一年春から夏にかけて、歴史をゆがめる教科書の採択に反対する運動をすすめていた中塚の所属する奈良県歴史教育者協議会（歴教協）などを中心に「韓国へ行こう、東学農民軍の歴史の現場を訪ねよう」という声がおこりました。二〇〇二年の夏、奈良県歴教協・退職教職員の会・子どもと教科書奈良ネット21などを中心に一九人のツアーが実現しました。

翌年夏、韓国で東学を現代に生かし生命と平和を大切にする運動をすすめている「ハンサリム」の一行一六人が奈良・神戸などに来訪します。

東学農民軍の歴史を訪ねる日韓の民間交流が始まったのです。

日本からは二〇〇六年から連続して「東学農民軍の歴史を訪ねる旅」が行われています。二〇一二年の第七回まで参加者は全国各地からのべ一七〇人近くに達しています。

韓国では朴孟洙さんの全面的な案内と各地の東学農民革命を記念する市民団体との交流会が続けられています。

日本と韓国・朝鮮の間には、植民地支配を中心とする歴史から生みだされた根深い問題が横たわっています。

歴史から生み出された問題を解決・克服するためには、まず歴史を事実にそくして知ることが必要となります。

ところが日本では、決定的に重要な歴史的事実であるのに、一般にはほとんど知られていないことが、いくつもあります。

その最大の歴史的事実が、日本軍による最初のジェノサイドである東学農民戦争をめぐる事実です。

実はこの本の著者である私たちも、その実態をよく知らなかったのです。それを知るきっかけとなったのが、冒頭にのべた北海道大学で東学農民軍指導者のドクロが見つかったことでした。

一つのドクロが見つかったことから、日韓共同の歴史事実の調査・研究へとすすみ、さらには歴史を学ぶ市民運動を生んでいった、そのプロセスをこの本で伝えたいのです。

歴史を訪ね、過去の事実にしっかり目を開き、そしていま新しい歴史をきりひらく、その道をいっしょに歩もうではありませんか。

◆目次

V 東学農民革命と現代韓国

❖明日への提言

装丁＝商業デザインセンター・松田 礼一

I

日清戦争をめぐる歴史の記憶

中塚 明

この本の副題を「もう一つの日清戦争」としました。日清戦争は日本と清国（中国）との戦争だったと思っている日本人がほとんどです。あなたはいかがですか？

「もう一つの日清戦争」とはなにを言っているのか？　東学農民軍を主力とする朝鮮人が日本軍の朝鮮侵略に反対してたち上がった、その朝鮮人を相手に日本軍が皆殺し作戦をくりひろげた、その戦いを指しているのです。しかし、日清戦争のとき、多数の朝鮮人が抗日闘争に立ち上がったことを知っている日本人は現在ほとんどいません。日清戦争のもう一つの戦いとして朝鮮の抗日闘争、東学農民軍と日本軍とが戦ったことを日本人は押し並べて知らないのです。

❖日清戦争についての日本人の記憶

山川出版社の「日本史」は高校日本史の教科書中もっとも多く使われています。その『日本の歴史（改訂版）』をベースにして一般の書物として『もういちど読む　山川日本史』が市販され、よく売れているそうです。

ではそれには、「日清戦争」についてどう説明されているでしょうか。

> 一八九四（明治二七）年、朝鮮で政府の専制政治に反対する大規模な農民の反乱（甲午《こうご》農民戦争、東学の乱）がおこると、清国は朝鮮政府の要請でその鎮圧を理由に出兵した。第二次伊藤内閣はこれに対抗してただちに朝鮮に軍隊を派遣した。ちょうどこのころ、外務大臣陸奥《むつ》宗

光のもとで、ロンドンでは駐英公使青木周蔵がイギリスとの条約改正交渉をすすめ、領事裁判制度の撤廃と関税自主権の一部回復を内容とした日英通商航海条約が調印された。これに力をえた日本政府は清国に対して強い姿勢をゆるめず、同年七月末、ついに日清両軍は衝突し、八月、日本は清国に宣戦を布告し、日清戦争がはじまった。

「大規模な農民の反乱（甲午農民戦争、東学の乱）」、ちゃんと書いてあるじゃないか、といわれるかもしれません。この日本も清国も朝鮮への出兵の理由にした、東学農民軍の一八九四年春の蜂起については、たしかに日本の歴史の教科書には中学校用のものもふくめて書いてあります。だから、たいていの人は「東学農民？　知ってる！　日清戦争の原因になった東学党の乱のことでしょう」というかもしれません。

しかし、その東学農民軍を主力にした朝鮮の人民が、日本の侵略に反対して、春の蜂起をはるかに上まわる規模で秋から翌年にかけて抗日闘争に立ち上がったこと、そしてその朝鮮の抗日闘争を日本軍は徹底的に弾圧、日本の侵略に抵抗した「東学農民」を皆殺しにしたことについては、ほとんどの人が「えっホント？　そんなこと知らない」というのではないかと思います。

❖日本軍の第一撃がなぜ「朝鮮王宮占領」だったのか

では、日本政府が「朝鮮の独立」のための戦争と内外に宣言したその戦争のさなかに、朝鮮でどうして大規模な抗日闘争が起こったのでしょうか。それは「はじめに」で述べたように、清国との戦争の日本軍の第一撃が、清国軍への攻撃ではなく、日本軍による朝鮮の王宮占領から始まったことに象徴的に示されています。

それでは、日清戦争での日本軍の最初の武力行使がなぜ朝鮮の王宮に向かって起こされたのでしょうか。

日清戦争当時、外務大臣だった陸奥宗光は、戦後まもなく自分が主導したこの戦争の外交指導を一冊の本にして出版しました。『蹇蹇録《けんけんろく》』という本です。外務大臣が自分の関わった事件のすぐあとに、ことの顛末《てんまつ》を本にまとめたのは、日本ではこの陸奥宗光の『蹇蹇録』が唯一例外なのです。外交の微妙な動きも書いてあって一般に公表されたのはずっとあと、一九二九（昭和四）年のことでした。今では岩波文庫で読むことができます。

その第一〇章「牙山および豊島の戦闘」の書き出しが面白いですね。

　征清の役（日清戦争）、海陸大小の戦闘、その数はなはだ多し。ひとり牙山の戦いのみ外交これが先駆となりて戦端ひらかれ、……

と書いているのです。

牙山《アサン》の戦闘というのはソウルから南へ八〇キロほどの陸上での清国軍との初めての戦い（一八九四年・明治二七年七月二九日）のことです。その戦いが「外交が先駆けとなってひらかれた」というのは、どういうことでしょうか。『蹇蹇録』の問題の箇所を口語文にしながら読んでみましょう（岩波文庫、一二九～一三八ページ参照）。

牙山の戦いはなにがきっかけで起こったのかというと、表面は日本政府が朝鮮政府の依頼を受けて、朝鮮国のために清国軍を朝鮮の外に追い出すということから起こったのだが、実際について言うと、つまるところは日清両国の間で問題だった「清韓宗属」の論争がその主要な原因であったことは争えない。

「清韓宗属」ってなに？ 平たくいえば、清国を本家（宗主国）、朝鮮を分家（属邦）とする関係です。もう少し歴史的に説明すると、東アジアでは、中国文明の影響が圧倒的に大きく、昔から中国には世界の中心という「中華意識」があり、中国の天子＝皇帝が「中華世界」の中心にいて、周辺諸国の王は、中国の天子から国王の称号や印綬《いんじゅ》（印とひも）を与えられ、中国の天子に「朝貢」する（貢《みつ》ぎ物を差しだす）――こんな関係、すなわち「冊封《さくほう》体制」で構成されていました。（日本だけは古代と室町時代の一時期を除いてその圏外にありました。）

阿片戦争（一八四〇～四二年）以後、西欧諸国の攻撃を受けてこういう中国中心の国際秩序は崩壊しつつありました。しかし、朝鮮との間にはまだ残っていたのです。

日本政府が一八七六（明治九）年、朝鮮と結んだ修好条規の第一条では「朝鮮国は自主の邦《くに》にして日本国と平等の権を保有せり」と書かれていましたが、それはこのような清国の朝鮮への「冊封」は認めないゾ、という日本政府の朝鮮や清国（中国）への意思表示でもありました。

ところが一八九四年、清国政府の朝鮮への出兵について日本政府へ通告してきた文章には「属邦を保護する」との文言があったのです。

陸奥外相は当初、この文言をとりあげて清国との「争議を提起」する＝開戦の理由にしようとしました。しかし、伊藤博文首相をはじめ閣僚のあいだでは、「清韓宗属」の問題は大昔からのことであって、そんなことを理由に清国と戦争すると欧米諸国の非難をかうと賛成しませんでした（『蹇蹇録』参照）。

それではどうするか。朝鮮駐在の大鳥圭介公使は陸奥外相と示し合わせて、こんどは清国に対してでなく、朝鮮政府に対して「朝鮮は清国の属国か」と問いつめることにしました。陸奥外相はこれをみずから「狡獪手段」と書いています（『蹇蹇録』一三三ページ）。「狡獪《こうかい》」とは「わるがしこい」という意味です。つまり日本は、清国と戦争をはじめるのに、世界に向かって、とりわけ欧米列強から非難されない「正当な」開戦理由をあれこれ探し求めていたのです。日清戦争が、中国側でなく日本側から仕掛けたものだということは、これからも明らかではありませんか。

❖東条英教の『隔壁聴談《かくへきちょうだん》』

以上のことは、日清戦争当時、川上操六参謀次長に特に選ばれて陸軍少佐（三九歳）で大本営の参謀となっていた東条英教《ひでのり》（のちの一九四一年、太平洋戦争開戦時の首相、東条英機の父親）が書いた日清戦史、『征清用兵隔壁聴談』（以下『隔壁聴談』）でも証言されています。そこでは、つぎのようにあからさまに書かれています。

現代の言葉にして意訳もしながら読んでみましょう。

……日本軍がソウルから南進して清国軍と交戦することになると、大鳥圭介公使は外交官としての職責上心配なことがあった。それは日本軍が清国兵と衝突するのに適当な口実を得ることであった。

日本軍が、行軍とか演習などの口実で出動して、そのさいに清国兵と衝突してしまい、後で世界に向かって清国兵が日本軍を攻撃してきたから戦争になったと公言しても悪くないのだが、各国がどう思うかを考えるとこれは好ましいやり方ではない。

もっとも穏当で日本の責任を免れるには、朝鮮政府の方から清国兵の撃退を日本に依頼させるのがいちばん良い。それを朝鮮政府から依頼させるには武力をもって朝鮮政府を脅《おど》かすのが一番だ。日本の兵力を用いるには、朝鮮政府がどう答えたらよいか困惑するような難問を突きつけ、短い日数を決めて確答を求め、不満足な回答をよこしたり、または答えてこないときに、武力で脅迫を実行するのがもっとも良い。

そこで大鳥公使は、いったんは放棄していた「清国からの独立問題」を選んで七月二〇日、次の二つの痛切な要求を韓国の宮廷に提出し、二二日を回答の期限とした。その一は、韓国の独立に反する清国との諸条約を廃棄すべし、二は、清国が「属邦保護」を理由に軍隊を朝鮮に出したのは朝鮮の独立を侵すものであるから、速やかに清国兵を朝鮮の国境外に撃退せよ、と迫るものであった。大鳥公使はさきに朝鮮政府が「朝鮮は自主の国だ」といったのを言質《げんち》（あとで証拠となる約束の言葉）にして、このような難問を選んで要求したのである。

大鳥公使はこのたくらみを決行すると同時に使者を大島義昌混成旅団長のもとに派遣し、くわしくこの計画を告げて、旅団が清国軍のいる牙山へ向かうのをしばらく延期するよう求め、朝鮮政府がもし日本の要求を聞かなければただちに一大隊の兵を進めて王宮を囲み、朝鮮側がなお屈伏しなければ日本軍の全力をつくして脅すことを求めた。旅団長は承諾し、ただし一大隊で行うことは旅団長の意見で省略し、ただちに全旅団で実行することに改めた。

こうして一八九四（明治二七）年七月二三日、夜半から行動をおこした日本軍が王宮、景福宮を襲い、国王を事実上とりこにしてしまいます。同時に、当時は城壁で囲まれていたソウル城内の朝鮮の軍事施設をすべて占領し、朝鮮軍を武装解除してしまうのです。

陸奥宗光が「狡獪手段」と書いた計画はこうして実行され、日本軍は清国軍との全面戦争に突入することになったのです。

この朝鮮王宮占領の具体的な経過は、日本陸軍参謀本部で日清戦争の戦史を編纂する初期の段階では詳細に記録されていました。しかし、戦史を公刊するときには、こうした事実はいっさい伏せられて、日本軍がたまたま王宮のそばを行軍していたところ、王宮の中から撃たれたので応戦し、王宮に入って国王を「保護」した、とまったくウソの話につくりかえてしまったのです。（中塚明『歴史の偽造をただす』高文研、一九九七年、にその詳細は明らかにされています。）

✣ある大隊長の自殺――歓迎されない日本軍

明治のはじめ、「征韓論」がさかんになったとき、それを全面的に批判した田山正中という人がいます。その批判の論点の一つにこんな意見があります。意訳してみましょう。

日本が朝鮮を自分のものとし、そこを足場にしてロシアを防ごうというものがいる。しかし、これは「戦《いくさ》の道」（戦争の仕方）を知らないもののいうことだ。日本が朝鮮を攻略することはできるかもしれないが、たとえできたとしても、むしろ朝鮮を占領した日本は、（朝鮮人の憎悪、敵意に包囲されて）まわりは全部敵という状態になる。それなのにまた他の強敵（この場合はロシア）を防ごうとしても、そんなことはできることではない。（原文は『明治文化全集・雑史篇』

にあります）。

王宮は占領され、国王をはじめ朝鮮政府は日本の支配下におかれ、首都であるソウルの街も日本軍の武力で押さえ込まれました。これだけの手荒いことをやりながら、日本政府はこのことが世界に知れわたるのを恐れました。王宮占領に参加した日本兵でも、作戦計画を事前に知っていたのは二二日の秘密会議で指示を受けた各部隊長だけでした。兵士たちには「二三日未明より京城《けいじょう》へ行軍する」と知らせただけで、王宮近くに行って、突然、戦闘に投入されたのです。後になって、一般の兵士から世の中にこの王宮占領の真相がもれるのを恐れていたのですね。

もちろん、朝鮮政府にも口封じをしました。翌月の八月二〇日、鉄道・電信についての日本の利権や、内政改革について朝鮮政府とむすんだ「日韓暫定合同条款《かん》」の項目中に、「本年七月二三日王宮近傍ニ於テ起コリタル両国兵員偶爾《ぐうじ》衝突事件（両国兵士のたまたまの衝突事件）ハ彼此《ひし》（朝鮮政府も日本政府も）共ニ之ヲ追究セサル可《べ》シ」の一項をいれたのです。

仕組まれた計画的謀略事件であった王宮占領は、ここでは「両国兵士のたまたまの衝突事件」とされました。ちなみにこの「偶然の小さな衝突事件」というのは、大鳥公使が七月二三日に事件を日本の外務省に打電したときからそうなっていました。陸奥外相や大鳥公使が、ことを起こす前から、公式には「偶然の小さな事件」としておこうと示し合わせていたにちがいありません。

しかし、占領された朝鮮政府の関係者は、事実を知っているわけですから、それを口外させないだけでなく、真相究明もいっさいしない——と約束させたのが、この「日韓暫定合同条款」の条項だったのです。

さらに、日本政府は八月二六日、朝鮮政府に「大日本大朝鮮両国盟約」を結ばせ、清国との戦争に両国が攻守を共にし、朝鮮国は日本兵の進退およびその糧食の準備のため可能な限り便宜を与える——と約束させました。

しかし、田山正中がいったように、王宮を日本軍に占領され、ソウル城内のすべての朝鮮軍が武装解除されたのを知っている朝鮮人が、そうやすやすとこの事態を容認するはずはありません。

王宮を占領して、日本軍はソウルから清国軍のいる南方に向かって進軍をはじめます。戦争をするには食糧や武器・弾薬などを運搬する輸送部隊は非常に大切です。しかし、日本軍ではこれがきわめて弱体でした。

なぜなら、日本から輸送部隊を連れて行けば、その人員にも飯を食べさせなければならず、そのためにまた輸送が必要になる、だから物資輸送の労働力などは現地で調達せよ。「因糧於敵」（糧《かて》を敵に因《よ》る）が昔から軍事にたずさわるものの原則だ——と、日清戦争を始める当たって日本の参謀本部は朝鮮に出動した日本軍部隊にきびしく命令していました（中塚明『歴史の偽造をただす』一八八〜九一ページ、参照）。

ですから、行軍をはじめた日本軍は、物資を運ぶのに朝鮮で人や牛・馬をあつめました。しかし、すすんで日本軍に協力しようという朝鮮人はいません。

ソウルの南方、牙山近くで清国軍と陸上の戦いがはじまるのは七月二九日のことです。そのために真夏の猛烈に暑いなかを、日本軍が南下していきます。兵士といっしょに、食糧や弾薬を運搬する輸送部隊も移動していきます。ところが、徴発された朝鮮の人馬がしばしば逃げてしまうのです。

公刊された『明治二七八年日清戦史』（第一巻、一三一～二ページ）の記事を読んでみましょう。（カタカナをひらがなに直し、句読点をつけました。（　）は小さい字で二行にして注とされている割り注の部分を示します。［　］は中塚がおぎなった部分です。）

前衛は、この日［七月二六日］午前諸隊到着せば、その編成を完備し、若干前進すべき予定なりしも、徴発の朝鮮人馬、行軍の苦悩に懲《こ》り、おおむね（歩兵第二一連隊第三大隊および野戦病院は一、二頭を余し、その他ことごとく）逃亡したるがためやむをえず水原に滞在し再び運搬力を整備することに従事す。（この日、力をつくして集合したる人馬は、往々逃亡をはかり、歩兵第二一連隊第三大隊に属するもののごときはみな逃亡して、ついに翌日の出発に支障を生じ、大隊長古《こ》志《し》正綱、二七日午前五時、責を引き自尽［自死］するにいたれり）

当時、朝鮮に出兵していた日本軍は、広島に師団司令部があった第五師団の中から編成されていた第九混成旅団です。旅団長をトップに連隊長がいて、その下にいるのが大隊長です。千人から千五百人の兵士を統括指揮します。その大隊長の一人が、これから清国軍とたたかう陸上の戦闘を前にして自殺したのです。そしてその理由は、集めた朝鮮人や牛や馬が逃げてしまって、清国軍との戦いを前にして物資の運搬ができなくなり、前衛部隊の責任が果たせなくなったからだというのです。

古志正綱という人がどういう経歴の軍人か、私はまだ調べることができていません。しかし、これから清国軍と戦闘をまじえようというその矢先に、自死するというのは尋常なことではありません。

原因は戦史が書いているだけのことなのでしょうか。この第二一連隊第三大隊は、王宮占領に直接参加はしていません。しかし、大隊長であれば、王宮占領のことを聞いていたとしてふしぎではありません。目前の朝鮮人、人馬の逃亡ということも責任上大問題であったのはその通りでしょうが、それだけだったのでしょうか。

古志大隊長を追いつめたのは、「朝鮮の独立のため」といいながら、実際には計画的謀略で朝鮮の王宮を占領し、戦争突入の口実をつくりだす「日本軍」とは何なのか？　そしてこの戦争の行く末はどうなるのか？　自殺する古志正綱大隊長の胸中には、さまざまな思いが交錯していたのではないでしょうか。

II

東学農民戦争はどうして起こったのか

中塚　明

❖「東学」とはなにか

一八九四年、明治でいえば二七年の早春、朝鮮の南部で起こった大規模な農民反乱、そしてそれがきっかけで日清戦争が起こったことは、日本史の教科書にも書いてあります。

この「大規模な農民反乱」は、その当時から「東学党の乱」と呼ばれてきました。第二次世界大戦後には、この一八九四年の干支《えと》が甲午《こうご》（きのえうま）の年であったことから「甲午農民戦争」と呼ばれることもありました。

「東学党」という「党」などはありませんから、この言い方は正しくありません。しかし、「東学」の地方組織と深く結びついて起こったことから、あたかも「東学党」というものがあったかのようにいわれたのでしょう。

「東学党の乱」、特に「乱」という呼び方は、この農民の大衆的な決起を、「許しがたい、ふとどきだ」と思った当時の朝鮮王朝政府や地方役人から見た呼び方です。また、いったんは静まったのに、日本軍が朝鮮の王宮を占領した暴挙への怒りから、秋になってふたたびより大規模に、より広い地域で日本軍と真っ正面から戦うようになると、日本政府や日本軍は、抗日の朝鮮人民を、ことごとく「東学党」という組織によって立つ「乱民」とあしざまに言い、その皆殺し作戦を正当化したのです。

そしてそのとき農民たちがよりどころとした「東学」についても、これは低俗な民間の迷信的な信仰にもとづくものとの見方が世間にひろめられました。

東学を朝鮮ではじめてひろめた崔済愚《チェジェウ》は、朝鮮王朝政府をはじめ支配階級から邪教をひろめるものとして逮捕され、一八六四年に、「左道惑民」(正しくない道を説いて人を惑わす)を理由として処刑されました。

それ以後、東学の布教は公然とはできなくなります。そのため二代目の崔時亨《チェシヒョン》らは農民の間にひそかに布教をすすめ、東学を広めるのにつとめました。

崔済愚が「左道惑民」の罪で処刑されたことが、のちのちの東学農民や東学そのものの理解に影を落とし続けました。

とりわけ日本ではそうです。現在の日本の歴史教科書や歴史用語解説の本では、「東学とは、西学(キリスト教)に対抗する民間信仰」とか、「キリスト教(西学)に反対する民族宗教」などと説明しているのが一般的です。

東学について、「水準の低い迷信的な信仰」という見方が長く続いてきた日本の思想状況を考えれば、こういう「西学に対抗するものとしての東学」という解説では、「東学」を、単なる「西学」に対抗する「閉鎖的な思想・宗教」という考え方に導き、「低俗な迷信にさらに排外主義も加わった得体の知れないもの」という理解になりかねません。

✣朝鮮への偏見が生んだ東学「邪教」観

日本ではいまだにこうした東学農民についての見方が根強くあります。どうしてこういう見方が強いのでしょうか。

東学農民に対する日本人のイメージがこういうものであることの背景には、「朝鮮落伍論・朝鮮他律論」という朝鮮についての偏見があります。東学農民だけのことにかぎりません。「朝鮮はダメな国である。自分の力で世の中を変える力がない、落伍した遅れた国だ。放っておいたら中国やロシアのいいなりになってしまう。それでは日本の安全は守れない」――そんな主張が、明治以後、「征韓論」＝朝鮮を撃て、という声とともに日本ではことさらにひろめられました。「日本が朝鮮を支配しなければならない」という日本の朝鮮侵略を正当化するのに都合のよいドグマ（自分勝手な独自の教義）です。

こうしたものの言い方は、明治以後、日清・日露戦争、そして日本が朝鮮を植民地として支配した時期だけのことではありません。いまでも続いています。

司馬遼太郎は現代日本を代表する国民的な作家といわれています。彼の著作、『坂の上の雲』はＮＨＫのスペシャルドラマとなり、「大河ドラマ」の放映が終了した年末の時期、三年間（二〇〇九～二〇一一年）にわたり放映もされました。見られた方も多いでしょう。

『坂の上の雲』は、日清戦争・日露戦争の時代の話です。日本はこの二つの戦争を通して朝鮮を日本の支配下におさめました。この二つの戦争は、まさに清国とロシアの影響を朝鮮から排除し、日本が朝鮮を独占するための戦争だったのです。

しかし、司馬遼太郎はこの物語で朝鮮人の動きをまともに書きませんでした。戦争の「原因は、朝鮮にある」と書きながら、その原因は、「といっても、韓国や韓国人に罪があるのではなく、罪があるとすれば、朝鮮半島という地理的存在にある」（文春文庫〈二〉四五ページ）とすまして書いているのです。

司馬にとって、朝鮮には生きている人間はいないのでしょうか？ 朝鮮とは「地理的な存在」にすぎないのでしょうか？ 司馬は「李王朝はすでに五百年もつづいており、その秩序は老化しきっているため、韓国自身の意志と力でみずからの運命をきりひらく能力は皆無といってよかった」（同右、四七ページ）とも書いています。

司馬だけではありません。その先輩がいます。日本の第一級の国際人として名の高かった（国際連盟の事務局次長を務めた）新渡戸稲造です。彼は日露戦争の後、朝鮮を視察して「枯死国《こしこく》朝鮮」という文章を書いています。朝鮮は枯れ木のように死んだ国だ、というのです。

「自分の力で運命をきりひらく能力のない朝鮮」、こういうフィルターをかけて朝鮮を見ていると、無能の国、朝鮮でさわいでいる東学農民というのは「邪教にまとわりつかれたおろかな暴徒」ということにならざるをえませんね。

東学農民というのは、はたしてそうだったのでしょうか？

❖朝鮮王朝末期の民衆と欧米の圧力

一九世紀のなかごろ、朝鮮王朝は政治的にも、社会的にも混乱し、欧米の外圧がつよまり危機に直面していました。

朝鮮王朝は一三九二年、李成桂《イソンゲ》が高麗王朝を倒してつくった王朝です。朝鮮半島で歴史上、王朝の名前を「朝鮮」としたのは、この王朝がはじめてです。建国したのは、日本の南北朝の内乱が終わった年、室町幕府の三代将軍、足利義満時代の末期のころです。

だから朝鮮王朝は長く続いた王朝なのですね。一九世紀のなかごろにはもう成立から五〇〇年にもなろうとしていました。それだけにさまざまに制度疲労を起こしていたのです。

地方の役人による一般民衆に対するむごいとりたてが年ごとに重くなるなか、各地に民衆の反乱が起こり、そのうえ伝染病が流行するなど、民衆の生活はつらく重苦しいものになっていました。

おりから一八四〇〜四二年、中国でアヘン戦争、ついで五六年にはアロー号事件と、イギリスをはじめとした欧米列強の中国への侵略がはげしくなってきました。その圧力は隣国の朝鮮にもおよんできます。

このようなとき、人びとの要求に応じるかのように、東学は朝鮮の大地から朝鮮独自の思想として生み出されてきたのです。

❖東学とはどういう思想か

「東学」をはじめて民衆に説いたのは、前にも述べたように慶州の没落した両班《ヤンバン》（朝鮮王朝時代の支配階級）である崔済愚《チェジェウ》という人です。一八二四年生れですが、母親が再婚であったため社会的にひどく差別されました。しかも成人前に両親を亡くし、ますます貧困な生活を余儀なくされていました。彼はその個人的な苦悩と、社会の混迷のなかで、各地をさまよいながら、父親から受けた学問的素養を土台にして修行を重ね、一八六〇年、東学の主張をはじめて世に伝えました。

その思想の特徴は、①「侍天主」、②「輔国安民」、③「後天開闢《かいびゃく》」、④「有無相資《そうし》」の四つに要約できます。漢字の熟語ですができるだけわかりやすく解説してみましょう。

①「侍天主」（じてんしゅ）は、東学思想のもっとも核になる考え方です。「天主」はなにか特定の「神」、「侍」はその「神」に仕える、などというのとは違うのです。東学で主張されている「侍天主」とは「すべての人びとは、だれでも自分のなかに『天主』（ハヌルニム）が存在している」、「だれでも自分のなかに『天主』を存在させることができる」という意味なのです。「天主」とは、特定の「神さま」をいうのではなく、「宇宙万物の生命の根源」を指していて、どんな人でも修練・修養を通して天と一体化できる、「天心即人心」――と崔済愚は説いたのです。これは身分的な差別、男女両性の差別がきびしかった当時の社会にあって、万民平等の、身分の高い低いにかかわらず、男も女も、人はみんな平等だということを主張するのに通じる朝鮮自生の画期的な思想でした。

②「輔国安民」（ほこくあんみん）は、「国の悪政を改め、民を安らかにする」という民本《みんぽん》主義的な思想、「斥倭洋《せきわよう》」＝「日本と西洋の侵略を斥《しりぞ》け（退け）て、国の自主自立をはかる」という民族主義的な立場からの主張です。朝鮮では豊臣秀吉による朝鮮侵略のことは家族代々語りつたえられ

てきていました。それから三百年、その記憶が東学や東学農民軍の日本認識の原点となっていました。しかし、「東学」を「西学」に対抗する閉鎖的・排外主義的な思想として考えるのはあやまりです。崔済愚は「西学」を高く評価するとともに、「西学」とは道理（教えや修行の中身）が異なるとして、「西学」を批判し「東学」の独自性を説いています。

③「後天開闢」（こうてんかいびゃく）について、崔済愚はいままでの混乱した時代が崩れ去る終末論を主張しながら、近い将来に理想的な時代が訪れることを説きました。現世をきびしく批判すると同時に、やがて来る理想の時代を説く、世の中の改革、革新の志を表明したのです。

④「有無相資」（うむそうし）は、経済的に余力のあるものが貧しいものを資《たす》けるという思想です。崔済愚は自分の教えを真心から信じるようになれば病もなおると、蔓延するコレラのような伝染病への処方を説くとともに「有無相資」を呼びかけました。これが東学組織のねばり強い共同・協同を生み出し、彼が処刑された後も、地下組織として東学がひろがることを可能にしたのです。（以上、朴孟洙「東学の実践運動」〈第九一回公共哲学京都フォーラム、二〇〇九年八月二三日での報告〉、金恩正・文炅敏・金元容著、朴孟洙監修、信長正義訳『東学農民革命一〇〇年』、つぶて書房発行、れんが書房新社発売、二〇〇七年、参照）。

このように東学は、朝鮮王朝の末期、政治的・社会的に直面していたさまざまの困難な問題を民衆のレベルから改革し、迫り来る外国の圧迫から民族的な利益を守ろうとする、当時の朝鮮社会の歴史的なねがいを反映した思想でした。

その一方で、苦難から逃れようとする幻想的な宗教的側面をもっていたのも事実です。

しかし、宗教的な側面をもっているからといって、東学を「水準の低い迷信」とかたづけていいのでしょうか。日本でも江戸時代の終りごろ、百姓一揆が各地に起こり、東海や京阪一帯では伊勢神宮のお札が降ったとの噂が流れ、多くの男女が「ええじゃないか」と唱えて乱舞したりしたことがありました。またこうした社会不安のもと、黒住《くろずみ》教や天理教、金光《こんこう》教など人びとの救済を求める民衆の宗教があいついで生まれました。日本でも朝鮮でも、おなじような動きがあったことを忘れてはなりません。

❖東学のひろまり――潜行した布教から集団的示威運動へ

崔済愚が説いたのはこういう思想でしたが、しかし、「正しくない道を説いて人を惑わす」ものとして逮捕され、一八六四年、処刑されてしまいます。東学を広めることは公然とはできなくなってしまいました。しかし、彼の教えは、たんなる個人の思いつきではなく、また一回きりのものではありませんでした。朝鮮王朝末期の各地で民乱を起こした人びとの思いと重なり、人びとの世直しの気持ちと通い合うものでした。

ですから、二代目の指導者となった崔時亨によって、なかば非合法化された苦しい状況でしたが、農民のなかに東学の思想をひろめる努力がつづけられたのです。また、それを受け入れる地盤がひろく農村各地にあったのです。

朝鮮は一八七六年、日本と「修好条規」を結び、資本主義世界のなかにひきこまれます。日本へ米や金の地金などが流出していきます。朝鮮農民の困難は日に日に大きくなりました。ですから、一八八〇年代後半になると東学は慶尚道・江原道から南の方、忠清道、全羅道にまでひろがりました。


【接と包】


ここで東学の組織について簡単に説明しておきましょう。

まず「接」は「群れ」を意味する普通名詞でしたが、崔済愚が一八六二年、一五～六人の接主を任命したことから東学の組織を示す用語となりました。東学の伝道者と、その教えを受けるものという関係で、地域ごとに教徒の「接」が生まれました。「接」では、身分の高い低い、男と女、金持と貧乏人など、一切の差別はなく、金持と貧しい人が助け合って「有無相資」で集まることができました。

一つの「接」の規模は三五～七〇戸程度で、それぞれに接主がおかれ、それがどんどん増えるにしたがい、いくつかの「接」をまとめる大接主があらわれるようになりました。

「包」はこれら大接主がまとめる中間的な組織です。一八九三年三月、二代目の崔時亨が忠清道の報恩に総本部である「大都所」を設けますが、そのとき各地の「包」の名称を定めて大接主を任命しました。そのときから、東学の公式の組織として「包」が登場しました。

大都所↓包（大接主）↓接（接主）という指揮系統が生まれて、包接制度が確立したといわれています（前掲、『東学農民革命一〇〇年』参照）。

こうした組織に整備されてきたことは、東学を信仰する人たちが個々の点の存在から、面として地方にひろまり、東学教団としての主体的な力を強めてきたことを物語っています。

ここに、東学教団の指導部による「教祖伸冤《しんえん》運動」がおこされる背景がありました。

「伸冤」とは、「無実の罪を晴らす」ということです。したがって「教祖伸冤運動」は、教祖・崔済愚の処刑は不当である、彼は無実の罪を着せられて殺されたのである、彼の罪を取り消し、名誉を回復し、東学の布教を認めよ、という運動です。

一八九二年一〇月、忠清道の公州での集会。同年一一月、全羅道の参礼での集会。そして一八九三年二月一一日（陽暦三月二八日）には、ソウルまで進出して、王宮、光化門前で四〇余名がひれ伏して三日間、東学の公認を政府に訴えました。（以下、次々ページの地図参照）

このソウルでの教祖伸冤運動と時を同じくして、ソウルにあった外国の公使館やキリスト教教会の建物に、「斥倭洋」の「掛書」（西洋人と日本人をはげしく非難する匿名の手書きの張り紙）が張り出され、朝鮮の内外に大きな波紋を巻きおこしました。

❖わきおこる農民の大衆運動

しかし、この東学農民の訴えは政府の認めるところとはなりませんでした。

こうした間にも、地方の役人の無法、外国の侵入による危急の事態は、農民たちにのっぴきならないものとして迫っていました。

ソウル王宮門前の訴えの直後、崔時亨は、東学の総本部をおいていた忠清道の報恩で大集会を計画、朝鮮全土の東学教徒に報恩に集まるように呼びかけました。それにこたえて集まったもの二万とも三万とも言われています。京畿道、江原道、忠清道、全羅道、慶尚道——朝鮮半島の南半分の全地域から東学教徒が駆けつけ、「斥倭洋倡義《せきわようしょうぎ》」（日本や西洋諸国の侵略をしりぞけ義をとなえる）の旗を掲げて一カ月以上にも及ぶ大きなデモンストレーションがおこなわれたのです。

報恩集会については、東学教団指導部の不徹底な指導を指摘してその歴史的な意味を重くみない見方と、いや、この集会を通じて民権意識が高まり政治的な戦いに進む可能性をもっていたと、歴史的に高く評価する見解があります。

報恩集会はこれという成果もなく散会してしまいますが、ほぼ時を同じくして全羅道の金溝でも集団的示威運動がおこなわれました。報恩から一〇〇キロあまり西南に、全羅道の中心の街で、朝鮮王朝（李王朝）発祥の土地である全州があります。金溝はすぐその南です。

金溝から、現在の湖南高速国道沿いに南下すれば、泰仁《テイン》、そして古阜《コブ》へと、翌年、一八九四年の早春に東学農民戦争の火蓋がきられる地帯に通じます。

金溝集会の実情はよくわかっていませんが、報恩の集会よりも一段と政治的な意気のあがった集まりであったと見られています。数千人から一万人ぐらいが集まりました。この年は大干ばつだっ

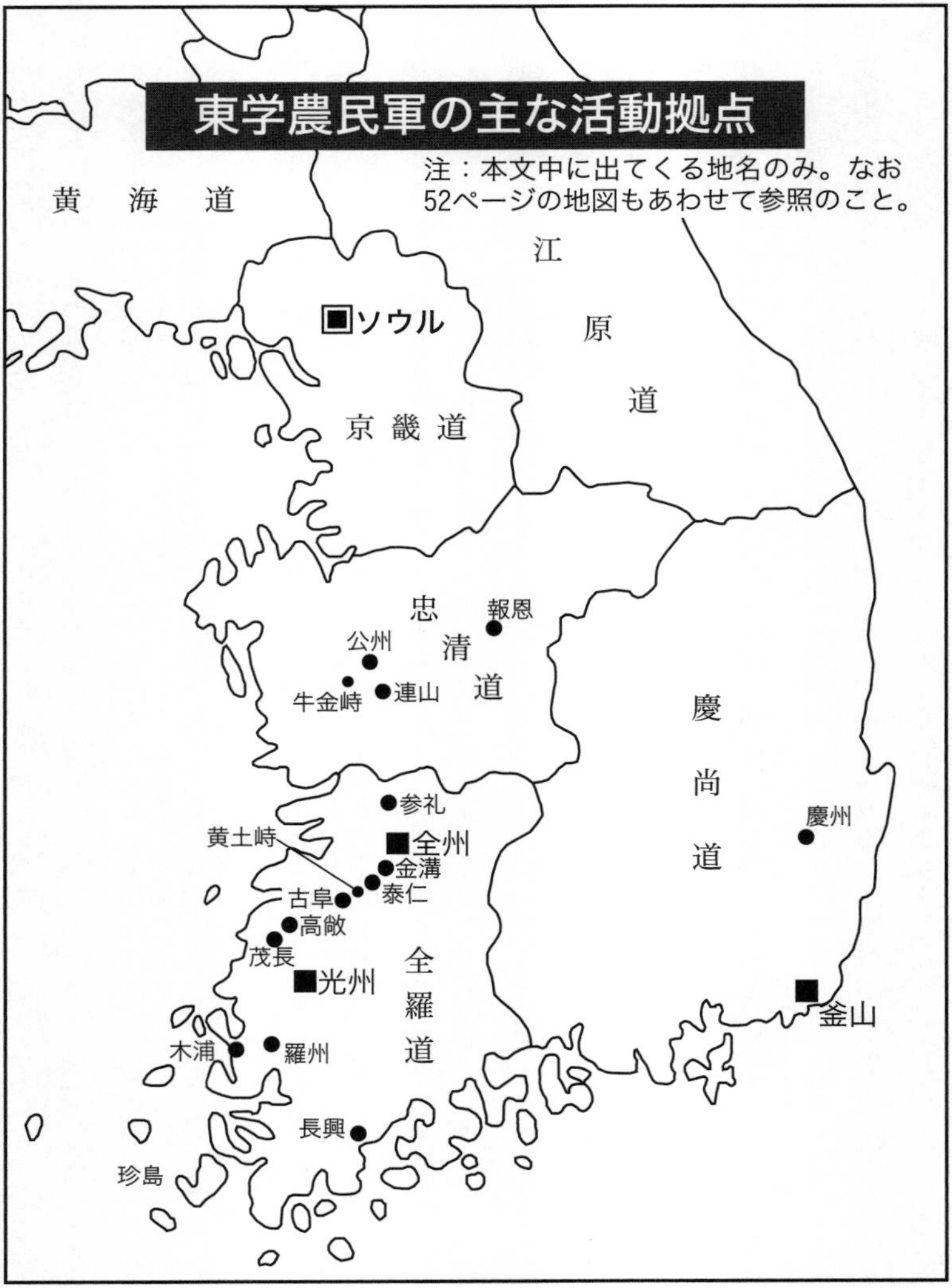
東学農民軍の主な活動拠点
注：本文中に出てくる地名のみ。なお
52ページの地図もあわせて参照のこと。
黄　海　道
江
原
道
ソウル
京 畿 道
忠
清
道
報恩
公州
牛金峙
連山
慶
尚
道
慶州
参礼
黄土峙
全州
金溝
泰仁
古阜
高敞
茂長
光州
全
羅
道
釜山
木浦
羅州
長興
珍島

たため、過酷な収奪への農民の反発はせっぱつまってどうにもならない状態になってきていました。そうした中で開かれた金溝集会は、これまでの大衆的な示威運動をさらに高め、全琫準《チョンボンジュン》ら全羅道の東学のリーダーたちが表舞台に登場し始めて、政治的様相をいっそう強めた集会となりました。（前掲、『東学農民革命一〇〇年』。申淳鐵／李真榮著、安宇植訳『実録東学農民革命史』社団法人東学農民革命記念事業会、二〇〇八年、参照）

❖東学農民戦争の展開

つぎに一八九四年の東学農民戦争の展開の過程を五つの段階に区分して概観しておきましょう。

（1）はじめての武装蜂起

まずは一八九四年一月一〇日（陽暦二月一五日。起こった日には諸説があります）、全琫準らが中心になっておこなった古阜の蜂起です。古阜の悪徳な郡守を追い出し、郡役所を占領、武器を奪い、米などを没収して住民に配り、郡守が新たに築かせた農民収奪の象徴になっていた万石洑《ボ》（洑は潅漑用の堰《せき》）を破壊し、住民を兵士として組織するなど、東学農民のはじめての武装蜂起でした。

これに対し、政府は郡主を交代させ、農民軍を手なずけたり、弾圧したりしました。とりわけ按《あん》覈使《かくし》（地方で事件が起こったとき実情や真相を調査するため王命で派遣される臨時の職）として南方の長興から派遣されてきたた李容泰《イヨンテ》は、東学教徒を探し出して容赦なく弾圧しました。これが農民の怒りをいっそう大きくしました。（一五一ページ参照）

(2) 革命をめざす東学農民軍の決起

一八九四年三月下旬(陽暦四月)、古阜での弾圧に抗しきれないで、全琫準らはさらに南下して茂長《モヂャン》に向かいました。ここでいままで古阜の蜂起に積極性を示さなかった孫化中《ソンファヂュン》や金開南《キムゲナム》など、東学の大接主たちと話し合い、意志を通じ合わせ、世の中の根本的な変革=革命をめざして新しく出発することになります。

茂長に逃れてきた全琫準らは、茂長の東学大接主・孫化中の助けを受け、朝鮮王朝の悪政を改革するため全面的な決起を決意しました。

三月二一日(陽暦四月二五日)茂長で倡義文《しょうぎ》(蜂起の布告文)を発表しました。かなり長いアピールですが、その最後に「除暴救民」、「輔国安民」、「いま危機にある国をたすけ民を安んずることを生死の誓いとする」との決意を明らかにしてひろく農民に訴えたのでした。ここに、従来の示威運動にとどまった集会や、組織性や持続性を欠いた一月の古阜での蜂起とは違った《革命におもむく東学農民軍の意志》が明らかにされました。軍隊としての組織をめざす東学農民軍の出発です。

茂長の起包(包をあげての決起)と倡義文は、世の中の根本的な建てなおしを念願していた広範な農民にとって、「たいまつ」となり、道しるべともなりました(前掲、『東学農民革命一〇〇年』)。たくさんの農民がこの倡義文にこたえて集まってきました。

農民軍は古阜をふたたび占領、三月二五日ごろ広大な平野の中に饅頭《まんじゅう》のように見える四方をよく展望できる丘、白山に移動、全琫準を総大将に、孫化中・金開南らをリーダーにし、さらに四方から集まった農民をたたかう軍事集団に組織し、指揮系統を確立、進撃体制を整え、一般民衆の蜂起と参加をよびかけました。

また農民軍の行動の四つの原則――①人をむやみに殺さない、家畜を捕まえて食べるな、②忠孝を尽くして、世間を助けて民を平安に、③日本人を追い出し国の政治を正しく立て直す、④兵士を集めてソウルに攻め込み、権力者や貴族たちをすべてなくそう――を定めました。さらに、／降伏するものは温かく迎える／生活に困っている人は助ける／貪欲でむごいことをしたものは追放する……など「十二カ条の規律」も定めました。

こうして国を正すための農民軍の長い戦い、腐敗した政府との全面対決をめざした戦いがはじまったのです。

四月六日（陽暦五月一〇日）黄土峙《ファントゼ》で全羅監軍（全羅道の政府の地方軍）を打ち破る最初の大きな勝利をあげます。ついで全羅道西海岸の地域をつぎつぎと占領。四月二三日には派遣されてきた朝鮮王朝政府軍と戦い、これも打ち破り、四月二七日（陽暦五月三一日）、全羅道の首府・全州を占領しました。朝鮮王朝発祥の土地が東学農民軍に占領されたのです。王朝政府がたいへん驚いたことはいうまでもありません。

このとき東学農民軍の鎮圧を口実に、清国と日本が朝鮮に出兵してきます。

一方、王朝政府軍の反撃をうけて、東学農民軍は全州を占領し続けることは困難になってきました。

こうした内外の緊迫した情勢の中で、東学農民軍は、悪政改革の二七カ条を政府軍側に出し、全州を明け渡します。

（3）「全州和約」とその実行の様相

この二七カ条の要求を提出して政府軍と和解したいわゆる「全州和約」をどう見るかについては、多様な意見があります。しかし、東学農民軍側が要求した二七カ条の要求は大別すると、①むやみやたらに税をとる強欲な悪い役人を処罰してやめさせる、②三政（田の税、軍役の代わりにだす人頭税、貸付穀物の利子税）の改善と不当な徴税の撤廃、③外国商人の不法な活動の禁止、などに集約されます。いずれも当時の朝鮮社会が解決を迫られていた緊急の諸問題でした。

農民軍は全琫準、孫化中、金開南などの指導者のもと、自分たちの故郷に帰り、都所（執綱所＝農民軍による一時的な自治機構）を設置し弊政改革を進めるようになりました。

「全州和約」直後、全羅道監司（道の長官）に赴任した金鶴鎮《キムハクチン》と全琫準の間で談判、その結果、農民の力の強いところでは、面（村）や里《り》単位の行政実務者である執綱をその地域の農民にじかに選ばせるようにしたところもありました。

しかし、改革の様相は地域によってさまざまでした。

後に東学農民殺戮のための日本軍が根拠地とした全羅道のもう一つの大きな街、羅州《ナジュ》のように、東学農民軍がなんども攻撃したけれども街にはいることもできなかった保守派の支配が強かったところでは、郷土の民堡軍（守備軍）の力が強く、「全州和約」の実行は望むべくもありませんでした。

（４）東学農民軍を主力とする朝鮮人民の抗日闘争

一方、日清戦争がはじまると、豊臣秀吉軍に侵略された記憶が新たによみがえり、侵入してきた日本軍とのたたかいに東学農民軍の主力が注がれるようになります。

弊政改革の活動は、日本軍による朝鮮王宮占領事件（六月二一日、陽暦七月二三日）までは続けられますが、王宮占領の事実が朝鮮全域に伝えられた八月以降、東学農民軍は地方の改革活動を取りやめ、日本の侵略をはねのけるために、ふたたび武装して立ち上がる準備を急ぐようになりました。

東学農民軍の第二次の蜂起です。

この日本軍との抗戦は、地域も一挙にひろがり、参加する農民軍の規模も、全州の占領にいたる春の第一次の蜂起とはちがって、非常に大規模なものになりました。しかし、この抗日の戦いについては日本ではいまだに無視しています。歴史の教科書にひと言も書いてありません。なぜ、日本ではこの朝鮮人民の抗日闘争を無視するのか、ぜひ考えてみなくてはなりません。

全琫準が日本軍による王宮占領を知ったのは、七月（陽暦八月）になってからでした。

すでに東学の農民であろうとなかろうと、朝鮮各地では、日本軍の侵入に反対するたたかいがくりひろげられていました。とくに釜山からソウルに向かっている日本軍の武器弾薬などの補給路

（兵站線）が攻撃されました。第一次の蜂起の時、農民軍の動きがあまり目立たなかった地域である忠清道・慶尚道・江原道・京畿道・黄海道でも数多くの農民が、反侵略抗日戦の隊列に加わるため蜂起したのです。

このときソウルでは、農民軍を鎮圧するために、日本軍が主力となり、朝鮮政府軍も指揮下におきながら、西・中・東の三つの道に分かれて南下しはじめます（次の第Ⅲ章、参照）。

全琫準が率いる全羅道の農民軍は参礼から北上し、忠清道の中心地である公州を占領するために進撃を始めていました。

公州を突破されれば農民軍はソウルになだれ込むかもしれない、そう考えて、日本・朝鮮王朝政府の連合軍はすでに公州を占領し、農民軍の北上を阻止するため公州南方の峠、牛金峙《ウグムチ》一帯に陣地を築いていました。

牛金峙では一〇月二三日（陽暦一一月二〇日）から二五日まで第一次のたたかいがあり、一一月八日（一二月四日）から一一日まで第二次のはげしい戦闘がくりひろげられました。

しかし、火縄銃に対するライフル銃など、比較にならない火力の差、また農民ばかりの臨時の軍と近代的な訓練を受けた軍隊とのちがいにより、農民軍の劣勢は明らかでした。

二度にわたる大決戦で大きな犠牲を払いながらも東学農民軍は牛金峙を越えることはできませんでした。

(5) 牛金峙戦闘以後

これまでは、牛金峙のたたかい以後の農民軍は、日本軍と朝鮮政府軍の連合軍の弾圧作戦によって敗退、四散し、朝鮮半島の西南の隅、珍島まで追い詰められて一方的に敗北、「殺戮《さつりく》」されたと見られてきました。しかし牛金峙のたたかい以後もなお大きな戦いがあったことが、最近の研究で明らかになってきています。日本軍の「東学農民軍討伐隊」で、はじめての戦死者が出たのも牛金峙のたたかい以後のことでした。

このことも含めて、日本政府・日本軍が、この朝鮮人民の抗日のたたかいにどう対処したのか、その経過と歴史的な意味については、次章で述べることにします。

Ⅲ

日本軍最初のジェノサイド作戦

井上勝生

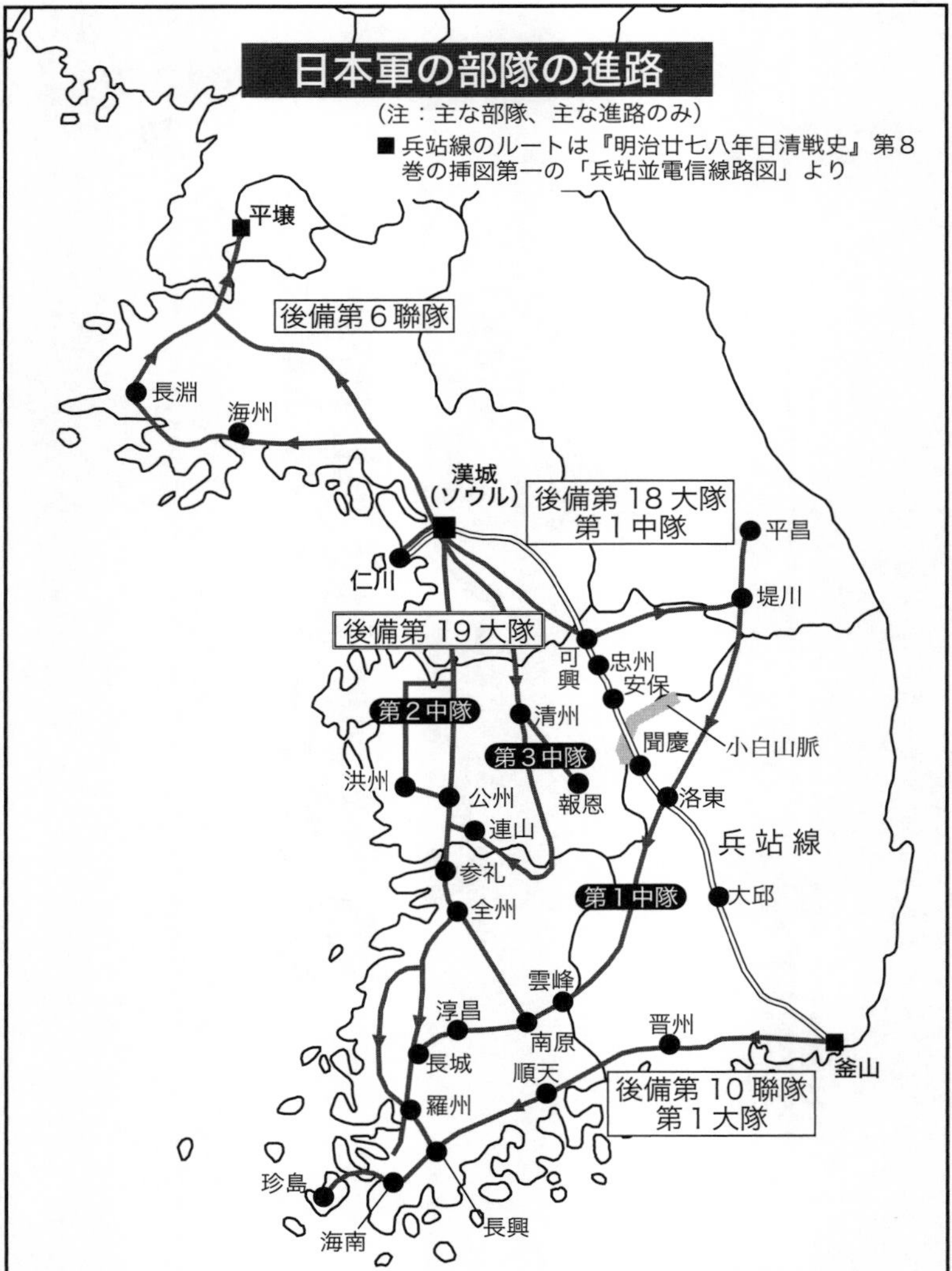
日本軍の部隊の進路
（注：主な部隊、主な進路のみ）
■兵站線のルートは『明治廿七八年日清戦史』第8巻の挿図第一の「兵站並電信線路図」より
平壌
後備第6聯隊
長淵
海州
漢城
（ソウル）
後備第18大隊
第1中隊
平昌
仁川
堤川
後備第19大隊
可興
忠州
安保
第2中隊
清州
聞慶
小白山脈
第3中隊
洪州
公州
報恩
洛東
連山
兵站線
参礼
第1中隊
大邱
全州
雲峰
淳昌
南原
晋州
長城
順天
釜山
後備第10聯隊
第1大隊
羅州
珍島
海南
長興

一八九四年七月二三日、日本軍は、部隊を動員して朝鮮王宮を占領、そこから日清戦争を引き起こし、成歓の戦いや平壌の戦いなどで清国軍を破ったあと、中国国境の鴨緑江へと北上しました。日本軍が鴨緑江を渉《わた》って中国領へ入ったのは、開戦から三ヵ月をへた一〇月二四日のことです。

同じころ、第一次東学農民戦争の後、政府と和約を結んで地域へ戻っていた東学農民軍が、朝鮮中南部で日本軍に対して新たに大蜂起します。第二次東学農民戦争の本格的な始まりでした。日本軍は、これら蜂起した東学農民軍に対し、これを大きく包囲し、追い詰めて殲滅しました。日本軍のこの殲滅作戦は、どのようにして立てられたのでしょうか。またそれは、どのような作戦だったのでしょうか。

1　朝鮮全土でわき起こった東学農民軍の再蜂起

❖北と南——東学農民軍の全容をどうとらえるか

まず日本軍が朝鮮領内に設営した進軍路、つまり兵站《へいたん》線の様子から見ていきましょう。日本軍は兵站線に、朝鮮政府が拒絶するのを無視して軍用電信線を架設していきます。守備隊の兵站部陣地が造られ、軍用道路が工事されました。その上で日本軍は、朝鮮南東端にある、慶尚道の釜山から北上を始めました。

慶尚道中央部を北から流れる洛東江に沿ってさかのぼってゆくと、慶尚道の北端で東西に広がった小白山脈に突きあたります。日本軍の兵站線も、洛東江沿いに北上し、鳥嶺の高い峠を越えて忠清道へ下り、北西方向へさらにすすむと、次に京畿道へ入り、ほどなく首府漢城（ソウル）に着きます。兵站線は、ここからさらに西海岸へ向かい、仁川港へと達していました。

東学農民軍は、まず右の三つの地域――南から順に慶尚道、忠清道、京畿道――で、日本軍兵站線に攻撃を加えました。これが農民軍の日本軍に対する攻撃の第一陣です。

しかし、この三つの地域の東学農民軍は、今から少し前までは、日本軍に向かってさしたる蜂起はしなかったと言われてきたのでした。三つの地域のうち、忠清道の報恩には、東学二代目教主、崔《チェ》時《シ》亨《ヒョン》が弾圧を避けて潜伏していました。忠清道東学農民軍は、この崔時亨に指導される、いわば東学主流派の勢力で、「北接」と呼ばれて、慶尚道や京畿道、江原道などもその影響の下にありました。

日清戦争の頃の東学勢力は、この「北接」と、もう一つの「南接」の二つに大きく分けられてきました。

南接農民軍は、主に朝鮮南端部の西半分、全羅道地域の東学勢力をさして言います。この南接勢力は、日清戦争前、一八九四年春期に起きた第一次東学農民戦争で、第Ⅱ章で中塚明さんが解説されているように、東学の地方指導者の一人であった全琫準《チョンボンジュン》らに指導され、朝鮮政府に対して、弊政改革を求めて、全羅道の大半に及ぶ地域で蜂起しました。世界史的に「農民戦争」と呼ぶに値する規模の人数と地域を含み込んだ蜂起でした。その後、この南接農民軍は、侵入した日本軍に対しても、徹底的に抗日武力蜂起を貫きます。

一方、崔時亨らの北接東学農民軍指導部は、朝鮮政府と妥協的で、全琫準らの南接勢力を抑えつけたと見なされてきました。しかし、現在、韓国の東学農民戦争の研究者たちは、南接が東学農民戦争の中心だったことは間違いないとした上で、これまでは北接と南接の対立が強調されすぎてきた、と考えています。

これは、研究者の見方が変わったというだけではないのです。北接の本拠地、報恩郡（現在、忠清北道の中央部）などの現地を訪ねますと、東学農民軍の蜂起を記念する行事が自治体と住民をあげて催され、東学農民軍蜂起記念公園が造成されていることに目を見張らされます。蜂起を記念する行事も、村ぐるみで開催されていました。全国から東学農民が集まっていち早く大集会を開いた報恩郡の長安村では、大集会が開かれた記念日（旧暦の三月一一日）に、長安小学校の校庭に村人が集まって、東学農民の白衣と白鉢巻きを身に着けて、当時と同じように、大きな旗をいっぱい立てて、笛を吹き、太鼓を叩き、老若男女、それこそ村長も警察官も、ともに田畑の道を練り歩いて、小学校の校庭に車座になって会食して祝っていました。

もともと、第一次と第二次の東学農民戦争の真相は、長い間、朝鮮の人々の記憶の奥底に押し

東学農民の蜂起を記念する行事（報恩郡）

込められ、深くおおい隠されてきました。東学農民戦争は、日本が植民地支配をしていた時代には、それにふれることはタブーとされ、まして調査をすることなどとてもできなかったのです。一九四五年、朝鮮が解放された後も、韓国では、独裁政権につづいて、軍事政権が長くつづきました。軍事政権の暗い時代には、民衆運動について調査することは、相変わらずできなかったのでした。

　しかし、一九八〇年代に入ってから、軍事政権に対する民主化運動の闘争が盛り上がりました。その世代の韓国の人々は、民主化運動の出発点として、デモや集会のビラなどで、東学農民戦争が、民衆運動の始まりとしてかならず取り上げられたと教えてくれます。民主化の運動のなかで、韓国の研究者は、東学農民戦争の調査や研究を進めたのです。

忠北大学校の研究者、申榮祐《シンヨンウ》さんは、そうした時代の現地調査の様子を話してくれました。北接東学農民軍指導者の子孫を訪ねると、子孫は、自分の家族たちにも話さなかったと、北接の地域指導者で、歴史から抹殺されたままの先祖（祖父や祖母など）の闘争と受難を、涙を流して証言したということです。しかしまだ軍事政権下、タブーの時代でしたから、申榮祐さんが追い返されることも、依然としてあったそうです。

こういう長いあいだ深く隠され、抑圧された状況は、南接勢力の全羅道地域でも同じでした。私は、一九九七年夏、本書「はじめに」で紹介されているように、北海道大学文学部の東学農民軍指導者遺骨放置事件の調査委員として、朝鮮西南端に在る珍島の、そこからさらに黄海沖合の下鳥島に住む、珍島の東学農民軍指導者、朴仲辰《パクチュンジン》の子孫一族を、研究者の朴柱彦《パクチュオン》さんと朴孟洙《パクメンス》さんの案内で訪ねました。朴仲辰は、珍島で第二次東学農民戦争の時に梟首《きょうしゅ》されました。子孫たちは、私たちが訪ねた時にも、「仲辰の朴家」とか「棒の朴家」と言われ続けてきたと、しかしそうした迫害に負けずに生きてきた、と話してくれたのです。

韓国での東学農民運動研究の一端を紹介しましたが、日本でも、在日の研究者、朴宗根《パクチョングン》さんの『日清戦争と朝鮮』（青木書店）が一九八二年に公刊されていました。朴宗根さんは、朝鮮南部の全羅道、慶尚道をはじめとして、中央部の忠清道や京畿道、江原道、また北部の平安道、黄海道など、ほぼ朝鮮全域で起きた東学農民軍の蜂起を、日本の新聞史料や防衛庁防衛研究所戦史部（当時）の史料などから掘り起こしていました。農民軍蜂起が確かめられなかったのは、朝鮮北東部の咸鏡道だけでした。
朴宗根さんの次の文章は、韓国全域の農民軍蜂起の地を訪ね歩いていた韓国の研究者たちとどこかで通じ合っていたのだと思います。

「従来は全琫準らの第二次農民戦争を高く評価するあまりに、京釜、京義路と、江原道、晋州、左水営地方の蜂起がなおざりにされてきたきらいがある……。全琫準らの闘争を高く評価することについて異論はないが、私は、それ以外の広範な地域における多様な形態で展開された蜂起を見なおす必要があると考えている。京釜、京義路における闘争は、散発的であったので、日本軍に対し短期間内に大きな打撃を与えることはできなかったが、広範な地域で「飯上の蝿」といわしめたほどのゲリラ戦を長期的に展開して日本軍を翻ろうし農民軍の主力軍に優るとも劣らない打撃を与えている」(同書、二一四～一五頁)。

文中の「京釜、京義路における闘争」というのは、「京釜」は京城(ソウル)―釜山をさし、先に見た日本軍兵站線への蜂起ですし、「京義」の闘争は京城―義州で、ソウルから北、つまり鴨緑江の義州へと北上する、朝鮮北部の黄海道と平安道でも日本軍に対する蜂起が起きていたことを指しています。次の「晋州、左水営地方の蜂起」とは、全羅道の主力とは違って、孫化中《ソンファヂュン》に指導されて全羅道から南部の海岸沿いを東の釜山方向へ進軍した、もう一つの南接東学農民軍の蜂起です。

このように朴宗根さんは、農民軍主力の全琫準に指導された南接以外の広範な地域の闘争も、「農民軍の主力軍に優るとも劣らない打撃」を日本軍に与えたと指摘していたのです。この朴宗根さんの日本側史料を調査して得た三〇年前の成果は、今も基本的には越えられていません。

農民軍主力とは、全羅道の全琫準、金開南《キムゲナム》、孫化中らのことです。南接の全琫準らは、全羅道の北部（今日の全羅北道）を中心に全羅道一帯に農民軍の自治を布《し》きました。従来は、農民軍の自治は、執綱所を中心にして、地方官も共同して運営されたと言われてきました。しかし、近年の調査で、執綱所は、朝鮮では伝統的に地方支配のために受け継がれてきた組織であって、反農民軍の組織になっている地域もあることが見いだされました。東学農民軍の自治組織は、農民軍が独自に設置していた都所を中心として形作られたのでした。東学農民軍は、政府から派遣され、旧来の支配を執綱所という形であれともかくも維持しようとする地方官と、あくまでも対決しながら自治組織を造ったのでした。そのために、農民軍自治組織も、場所によって、強いところや弱いところ、さまざまな形が生まれていたことが分かってきました。

そうして見ると、南接のなかの全羅道北半部を地盤とする東学農民軍が、都所を中心として、他の地域には見られない、強固な農民軍自治組織を打ち立てていたことがいっそう明らかにされてきました。なぜ全琫準らが、全羅道北部を地盤として、全羅道全域に及んだ自治組織を造ることができたのか、東学農民戦争の、自他ともに認める主力になることができたのか、という問題もやはり問われつづけました。一九九〇年代に在日の研究者、趙景達《チョキョンダル》さんが、南接と北接の相違点に焦点を当てて、東学の正統と異端、民衆的基盤の有無という見方を打ち出したのも、そうした問題を問うものでした。その詳細な実証研究と民衆的な視点は、鄭昌烈《チョンチャンヨル》さんら、当時、韓国で困難な状況にあった第一線の研究者たちに刺激をあたえたと語られています。鄭昌烈さんや趙景達さんが共有したそうした問題意識は、いまも生きているのです。

現在、東学農民戦争を説明するためには、二つの見方が必要なのです。つまり、一方では、東学農民戦争が全羅道で自治を組織するほどにとくに強力に戦われたという事実があります。そしてそのもう一方では、一九八〇年代に朴宗根さんが資料を調べて指摘したように、第二次東学農民戦争が全羅道だけで戦われたのではなくて、朝鮮全域へ広がって、数十万の民衆の命がけの戦いになったということも、けっして見逃すことのできない事実なのです。第二次東学農民戦争では、後者の農民軍の戦いと日本軍の殲滅作戦を、さらに検証してゆくことが重要だと、日本軍側の資料を調べてきて、私は痛感します。

東学農民軍の蜂起を「起包」と呼ぶのですが、日清戦争が始まると、全琫準ら南接指導部が一〇月一二日に「起包」を宣言してから、つづいて北接指導部が一〇月一六日に、遅れて「起包」を宣言したのです。これだけを見ると、北接農民軍指導部は、南接に引きずられて「起包」したように見えるかもしれません。しかし日本軍が朝鮮の主権を侵して架設した軍用通信線や守備兵兵站部陣地は、北接の土地に設置されていたのです。北接の場合、そこに架かっている日本軍の電信線を切断するというような、小規模な、しかしこれが重要な点ですが、ゲリラ的な抗日戦でこそ、日本軍に重大な被害を与えることができたのです。日本軍は、討伐現場での斬首や梟首でこれを鎮圧したのですが、それでも、農民軍のゲリラ戦法による抵抗を押さえ込むことはできませんでした。韓国から留学した姜孝叔《カンヒョスク》さんが、朴宗根さんの調査を受けて、防衛研究所図書室でさらに詳しく調査していますが、「北接」東学農民軍のゲリラ的な抗日蜂起は、王宮占領事件のわずか一カ月後、夏の八月から各地で始まっていました。

❖日本軍の弱点――兵站線へのゲリラ攻撃

日本軍は、最前線に出た正規軍こそ近代的軍備の威力を発揮したのですが、作戦の土台になる兵站機関は弱体で、食糧や人夫、物資の不足に苦しんでいました。第一軍第五師団参謀、後に陸軍薩摩閥の長老（元帥）になった上原勇作少佐（当時）の回顧談に、当時の日本軍の深刻な状況が語られています。『元帥上原勇作伝』の日清戦争の叙述では、「平壌の陥落」のつぎに「兵站機関の不備と行軍難」の節を設け、そのなかで上原少佐は、第一軍日本軍全軍が、白米がないどころか、「粟《あわ》や小豆《あずき》」をようやくわずかに食べられるだけで、軍馬は、糧食がないために倒れたと語っていました。平壌から鴨緑江まで「行程六十余里」、つまり二四〇キロ余りは、道路は平壌以南の行程より平坦だったのですが、行軍「三十余日を費」やしたこと、「行進の遅々たるに驚かざるを得ない」と記されています。

日本外交部と軍部は、朝鮮王宮を武力占領し、国王を押さえこんで、都合の良い政府に入れ替えました。それに対する朝鮮人の全土に広がった怒りによって、東学農民軍の蜂起が起こったのです。上原少佐は、おそらく意識的に触れていませんが、朝鮮北部の兵站線でも、この頃から東学農民軍が蜂起し始めました。国土が中国の二〇分の一以下にすぎない小国日本の軍隊の、その後も宿命的につきまとう欠陥が、この「兵站機関の不備」だったのです。

南接の全琫準は、一〇月一二日に「起包」を宣言しましたが、まだ農繁期でもあったために、全羅道北部の参礼で大挙北上の準備を整えてゆきました。忠清道報恩郡に潜伏していた北接教主・崔時亨は、先ほど見たように、南接の全琫準起包から四日後、一〇月一六日に起包、蜂起を北接東学農民軍全体に伝えました。

朝鮮中南部の日本軍兵站部は、第一軍が北上したために、九月下旬から第一軍の指揮から離れて広島の大本営が直轄しました。この大本営の直轄のもと、現場の指揮のために、仁川の兵站部を兵站監部に格上げし、「南部兵站監部」と改めました。仁川は、ソウルのすぐ西側で、漢江河口部で黄海に面しています。仁川兵站監部は、この忠清道北接農民軍の一斉蜂起の前から、ゲリラ的に蜂起する東学農民軍に苦しめられて、大本営に対して、農民軍を各現場で殲滅する二中隊（一中隊、約二二〇人程度）の派遣を要請していました。

大本営で参謀部次長と兵站総監を兼ねていた川上操六少将は、日本軍電信線を使って、直轄した朝鮮南部の日本軍兵站部へ随時、命令を出していました。川上操六は、薩摩藩下級武士出身の、いわゆる「薩摩閥」軍人で、外務大臣の陸奥宗光とともに、日清戦争開戦へ向かって日本の指導部の最先頭に立った人物でした。川上兵站総監は、この朝鮮兵站監からの要請に、いったんは二中隊派遣を了承しました。

しかしそのとき、一〇月二四日、日本軍第一軍の鴨緑江渡河作戦が始まりました。第一軍最前線は兵站機関からの補給がないことを大本営に訴え続けていました。同日、川上総監は、正規軍が北上した後を補うソウル守備隊――当時日本軍は「京城《けいじょう》守備隊」と呼んだのですが――その三中隊を派遣することを仁川兵站監部へ連絡しました。同時に川上総監は、ソウル守備部隊の一部を農民軍討伐に回すことで、主力の全羅道農民軍ならばいざ知らず、忠清道東学農民軍の制圧には「十分ならん」と伝えて、東学農民軍討伐の二中隊派遣を留保しました。

このソウル守備隊として派遣されたのが、後備歩兵第十八大隊の三中隊、広島県と山口県出身の後備兵士たちでした。のちに明成皇后（閔妃）虐殺事件実行に関わる部隊です。日本軍の満二〇歳で徴兵された兵士は、現役、予備役、後備役の順番で兵役に就きます。後備兵はその最後の兵役で、二七歳から三二歳のほとんどが家族持ちの高年齢の兵士でした。

一〇月二五日、第一軍の中心ともなった第五師団司令部も、鴨緑江を渡河して、中国領へ侵攻しました。その日、二五日夜に、川上総監から二中隊派遣を延期するという通達が仁川兵站監に届きました。大本営は、朝鮮中南部へ兵站部隊を投入する余裕がなかったのです。そして第五師団司令部が鴨緑江を渡河したこの日、「北接」忠清道東学農民軍が日本軍兵站線、安保と忠州、可興に対して一斉蜂起したのでした。

蜂起の順序はこうです。一〇月二五日午前、忠清道農民軍二万名が集結して、南漢江上流左岸にある可興兵站司令部を、右岸（東方）から先頭部隊が襲撃して来ました。また夜には、東学農民軍約二千名が、峠道の上部にある安保兵站部を襲撃したのです。中間に在る忠州兵站部の近くへも、東学農民軍二万名が集結しました。こうしてこれまでゲリラ的蜂起をしていた「北接」忠清道東学農民軍に、慶尚道や江原道、京畿道の農民軍も加わって、「北接」農民軍が、公然と一斉蜂起を始めたのです。

2　川上操六の「悉く殺戮」命令――殲滅作戦の序曲

❖直ちに実行に移された「命令」

東京を離れて広島に設置されていた大本営は、一八九四年一〇月二六日昼前後に、忠清道東学農民軍が一斉蜂起したことを知りました。それに対し、川上操六兵站総監は、朴宗根さんが仁川兵站監部の日誌「南部兵站監部陣中日誌」から見いだして以来、注目を集めてきた、東学農民「悉《ことごと》く殺戮」命令を出したのでした。二七日、夜九時三〇分に、仁川兵站監部へ届いた命令は、「南部兵站監部陣中日誌」に次のように記録されました。原文通りに紹介しましょう。

釜山今橋少佐より、左の電報あり。川上兵站総監より電報あり、東学党に対する処置は厳烈なるを要す、向後悉《ことごと》く殺戮すべしと。

東学農民軍への対処は、厳烈にせよ、これから後、東学農民を「ことごとく殺戮」しなければならないと、日本の最高指導部の、皆殺し命令でした。重要なことは、これが軍隊の命令であり、次に述べるように、きっちりと命令通りに実施されたということです。

翌二八日、夜午後七時過ぎに、慶尚道洛東兵站司令部の飛鳥井《あすかい》少佐から電報が届きました。昨日、尚州城で、「首領と覚しい者、二名」を捕縛してきた、「色々取り調べ」たが、白状しない。「言語かれこれ」を察するに、「首領とも思われ」ない。「右様の者は、当部において斬殺して然るべきや」と。これに対する仁川兵站監部の「答え」も記録されています。「東学党、斬殺の事、貴官の意見通り実行すべし」と。

また同日の洛東兵站司令官の、忠清道農民軍が各兵站部を攻撃しようとしていることがはっきりしたので、本拠である報恩付近の東学農民軍を「ことごとく殺戮の手段を実行いたしたく」という伺いに対し、仁川兵站監部は「厳酷の処置は固《もと》より可なり」と承認をあたえて、忠清道側の兵站部と協議せよと命じました。この洛東兵站司令官の問い合わせが、川上兵站総監の「ことごとく殺戮」命令に従ったものであったことは、まちがいないでしょう。

その後三〇日にも、「陣中日誌」に、次のような記録があります。慶尚道大邱兵站司令部が、星州で東学党一名を縛しました。「勢力者にあらず」、つまり東学幹部ではないのだがと断って、大邱の司令官は、「処分方を伺う」と。仁川兵站監の「答え」は、「東学党なる事、自白せしならば、監司に引き渡し、極刑に処せしめよ」でした。「監司」は、朝鮮の地方官ですが、「極刑」(死刑)は、日本軍がすでに決めていました。大本営・川上兵站総監の命令、東学農民「悉く殺戮」命令が、朝鮮現地でこのように正確に実行されました。

❖朝鮮の社会通念とは異質の処罰法

朝鮮の農民を、日本軍がことごとく殺戮するような対処は、朝鮮の主権を大きく侵害していました。第一に、朝鮮は日本の交戦国ではなかったのです。朝鮮の農民は、朝鮮政府の主権のもとにありました。またかりに朝鮮が交戦国であったとしても、敵国の捕虜は、将校であっても、国際法の捕虜取り扱いの慣行によって、殺害されることはないのです。日本は、日清戦争で、文明国であることを宣伝するために、国際法学者・有賀長雄を軍に招いていました。しかし東学農民軍に対しては、日本政府と軍は、国際法を意に介することはなかったのです。

一方、朝鮮政府は、民乱に蜂起した農民を「ことごとく殺戮」するような対処はしていませんでした。朝鮮政府の東学農民のような民乱に対する処罰については、韓国の朴廣成《パクカンソン》さんや金洋植《キムヤンシク》さんらによって実証的に研究されています。その実証研究を見ますと、朝鮮の民乱処罰法は、数千名の民乱であっても、死罪になるのは首謀者一、二名であって、幹部の指導者たちは、流罪《るざい》でした。日本では、朝鮮の民乱処罰は、王朝政府が苛酷な対処をしていたように誤解されていますが、その処罰は日本の百姓一揆に対する処罰とだいたい同じなのでした。逆に、日本の一揆処罰の現場では、一揆記録を読むと分かるように、獄死者がたいへんに多かったのでした。

また日本の歴史研究者の間には、朝鮮王朝政府が日本より未開で、苛酷な農民支配をしていた、という誤解が広く行きわたっているようです。しかし朝鮮では、民乱に非道を指弾された地方官は、かならず処罰されたことに注意する必要があると思います。その処罰の程度も、民乱の幹部と同じ重さである流罪が通例でした。ただし金洋植さんによれば、処罰された地方官は、復活する場合が多々あったということです。それにしても、日本では、百姓一揆に指弾された地方官に対する追及自体がまれであったのですから、比較の次元が違っています。しかも金洋植さんの研究によれば、一九世紀後半には、朝鮮王朝の民乱処罰は緩和されたものになり、日清戦争に近づくとますます緩和されて、民乱での死罪はほとんどなくなっていました。東学農民軍を「ことごとく殺戮するべし」という川上操六命令は、朝鮮の社会通念からは、まったく異質な処罰法だったのです。

こうして、二七日夜九時過ぎに川上総監の「ことごとく殺戮」命令が届いたあと、仁川兵站監部は、夜一二時に、忠清道と京畿道の東学農民軍が、忠清道の北端の鎮川にいること、さらに京畿道竹山から竜仁へと北上する恐れのあることを大本営に知らせます。竜仁は、ソウルまで歩いて半日のところでした。

現在の兵力では、「とても彼等（東学農民軍）を殲滅するに足りず」と、日本から東学農民軍「殲滅」のための二中隊を派遣するように重ねて要請しました。「漢江を渡らしむる如きは、断じて為さしめざる所なり」。仁川兵站監部は、ソウルの南部を流れる漢江を渡らせるな、と言って、大本営に二中隊派兵を求めたのです。

3　包囲殲滅作戦と大本営――殲滅大隊への派遣命令

❖井上馨公使が打った伊藤博文総理への電報

右の二七日深夜発、仁川兵站監部の二中隊派遣要請も重要でしたが、もっと重大だったのは、その六時間前、夕方六時に、井上馨公使が大本営へ打電した、二中隊至急派遣要請でした。のちに元老となる大物政治家、井上馨は、このころ朝鮮特命全権公使に任命され、二日前の一〇月二五日夜、ちょうど忠清道東学農民軍が一斉蜂起した日、仁川港に着きました。その二日後の二七日夕方六時、ソウルの井上馨公使は、広島大本営の伊藤博文総理へ至急電報を打電したのです。伊藤総理は、重臣として広島大本営に参加していました。

井上公使は、その電報の冒頭で、忠清道東学農民軍の安保と可興、忠州の一斉蜂起の全容を伊藤総理に伝え、次のように求めました。「五中隊」を日本から朝鮮へ派遣することが「最も必要」であり、今、「東学党を討ち平げること肝要なり」と。

ここで派遣が要請されている「五中隊」というのは、次のような内容でした。「三中隊」は、先ほど説明したように、すでに派遣が決まっていたソウル守備隊、すなわち後備第十八大隊の三中隊を指します。井上公使は、この後備第十八大隊三中隊派遣の早期実行と、それとは別に、川上兵站総監によって延期され、また拒否されてきた、東学農民軍討伐に専門に当てる二中隊の至急派遣を求めたのでした。

この「五中隊」が到着するまでは、ソウル付近の守備兵はもちろん、巡査までも討伐に派遣しなければならない、そうすると次のような事態が生まれる、と井上公使は述べるのです。

――ソウルは、日本軍の守備がなくなって、それによって、ソウルのイギリス総領事に、イギリスの海兵隊、または香港のイギリス守備兵をソウルへ呼び寄せる「口実」を与えてしまうことになる、と。

井上公使が知ったところでは、そうした事態をイギリス総領事は待っているようだ、というのです。このように井上公使は、イギリス軍のソウル派遣を恐れていました。

なぜ、イギリス軍派遣を恐れるのでしょうか。こうした点について、現代の私たち大国意識に捕らわれやすい日本人が東アジア近代史で忘れがちなことは、もともとイギリスは日本より中国の方をはるかに重く見ていたという厳然たる事実です。当時のイギリスの、アヘン貿易を含んだ中国貿易の権益は、日本貿易での権益とは比較にならないほど巨額だったのです。イギリスが日本と清国のどちらを支持するかは、実のところ微妙だったのでした。現に日清戦争中、仁川港には、イギリス軍艦が常時、入港していました。日本の政府重臣たちも、イギリスが中国利権を重視し、したがっていざとなれば清国の崩壊を防ぐのはもとより、場合によっては清国を援助しかねないことを知っていたのです。そういうイギリス軍が、中国領へ向かって侵攻する日本軍の後背地となったソウルに入ることは、日本にとって致命的といえるほどに危険なことでした。

井上公使は続けます。「本件は、直ちに大本営で評議にかけるように、至急の取り計《はから》い」をしてほしいと。「五中隊」の至急派遣について大本営緊急評議を開くように、伊藤総理へ要請したのです。電報の最後に井上公使は、追伸で、この電報は事情が緊迫しているので、総理大臣へ直に打電した、東京にいる外務大臣（陸奥宗光）へは総理から連絡してほしいとつけ加えました。つまり井上公使は、外務省の組織序列を無視して外務大臣を飛び越え、大本営の伊藤総理へ直に至急電を打ったのでした。

井上馨公使の至急要請を受けとった伊藤総理大臣は、どう対応したのでしょうか。

翌日、二八日午後四時、伊藤総理は、井上公使にあてて、次のような電報を送りました。この伊藤総理の「暗号電報」は、午後四時に広島で打電され、午後六時にソウル公使館へ着きました。『駐韓日本公使館記録3』に載っている電文を原文通り掲げましょう。

軍隊派遣の件、承知す。三中隊は、来る三十日、出帆の船にて京城へ派遣し、なおまた三中隊を便船次第、派遣のはずなり。

はじめに、井上公使の要請に対して、伊藤総理が「承知」したと知らせています。「来る三十日」つまりこの翌々日にソウルへ派遣されることになった三中隊は、たびたび出てきたソウル守備隊です。電文後半の「なおまた」以後の「便船次第」派遣のはずという三中隊が、東学農民軍討伐専任の「三中隊」なのです。

大切なところなのですが、井上公使の要請が「二中隊」であったのに、伊藤総理大臣は、「三中隊」を「便船次第、派遣のはず」と答えていました。伊藤総理は、派遣を井上公使の要請を上まわる三中隊に拡大したのです。東学農民軍討伐隊を「三中隊」としてその派遣を決めたのは、伊藤総理たち大本営でした。

なおソウル日本公使館には、この伊藤総理電報とあわせて有栖川宮《ありすがわのみや》参謀総長の電報が、同文で届きました。一方、大本営の川上操六兵站総監から、やはりほぼ同文の電報が仁川兵站監部へ、やはりほぼ同時（一六時五分）に届いたのでした。仁川兵站監部の「南部兵站監部陣中日誌」に、それが記されています。

以上の記録により、広島大本営から、伊藤総理と有栖川宮参謀総長、川上兵站総監がそろって、ほぼ同時にソウルと仁川へ向けて打電したことが分かります。それは、大本営の緊急会議が開催されたことを示しています。大本営の緊急会議が三中隊派遣を決定し、日本の最高指導者たちが、朝鮮へ向けて、その結果を同時に打電したのです。

❖派遣大隊長・南小四郎少佐の閲歴

しかも、次のような事実も、最近、明らかになりました。この時、東学農民軍討滅専門部隊として派遣されたのは、日清戦争開戦とともに松山市で編成され、下関《しものせき》彦島守備隊に就いていた後備第十九大隊三中隊でした。その大隊長を九月から務めていたのが南小四郎少佐でした。今でも韓国と朝鮮、日本の東学農民戦争の研究者は、朝鮮農民を殲滅した大隊指揮官、その名前と隊名をだれでも知っています。南小四郎少佐は、三中隊の後備第十九大隊を率いて朝鮮半島を南下し、農民軍を朝鮮半島の西南部に追い詰めて殲滅することを命令された現場の指揮官でした。

私は、一九九八年に防衛研究所図書室を調査して、南小四郎少佐が山口県出身であることを知りました。その後、山口県文書館で調査して、南小四郎がもと長州藩の陪臣《ばいしん》で、旧姓は柳井、本拠地が山口県小郡《おごおり》の西方、吉敷郡鋳銭司村南村集落であったことを見いだしました。陪臣とは、家来の家来で、地位の低い下級武士です。幕末長州藩の活動を編纂した戦前の大著『修訂防長回天史』の幕府と長州藩の戦争のなかの小倉戦争（小倉藩との戦い）のところで、南小四郎が長州藩討幕派諸隊の小倉藩との応接係として登場していました。さらに、山口県文書館の毛利家文庫の「戦功録」を調査して、南小四郎が、幕末期には長州藩の尊王攘夷運動に参加して、禁門の変、幕長戦争、戊《ぼ》辰《しん》戦争、箱館戦争など幕末維新のあらゆる内戦に参加した尊王攘夷・討幕運動の活動家だったことも分かりました。その後も、明治政府の軍人に転身した南小四郎は、佐賀の乱、和歌山県地租改正農民騒動（鎮圧軍）、萩の乱、西南戦争など日本のあらゆる内戦に参戦して、日本陸軍の歴史をともに歩んで、一八九〇年に休暇扱い、後備役に入っていて、日清戦争で召集されていました。

南村北の丘に南小四郎の墓があり、私は、何年にも渉《わた》って墓を訪ね続け、二〇〇八年春、子孫とお会いすることができました。そしてお宅に伝えられていた南小四郎使用の軍用行李《こうり》を見せていただきました。南小四郎の軍用行李には、朝鮮地方官の文書や討伐日本軍の報告文書などが保存されていたのです。それらの文書は、南小四郎文書として山口県文書館へ寄贈され、整理の上、現在公開もされています。私は、日本近代史の貴重な文書を寄贈された子孫の見識に敬意を抱いています。南小四郎文書は、二〇一二年、山口県文書館から韓国の東学農民軍蜂起の故地、全羅北道井邑市黄土峙《ファントゼ》にある東学農民革命記念館に貸しだされ、同地で、半年余に渉《わた》って、学術的な図録も作成して、展示、公開されました。

さて、その文書群のなかの日誌体の報告書「東学党征討経歴書」が、後備第十九大隊への朝鮮派遣の命令がどのように出されたかを記していました。南小四郎が殲滅作戦直後に作成したものです。

大本営が、ソウル日本公使館と仁川兵站監部へ、東学農民軍討滅「三中隊」派遣を、午後四時に打電したのと同日、「東学党征討経歴書」一〇月二八日の条には、次のように記されていました。

（この時、南小四郎大隊長と後備十九大隊は、下関の彦島守備の任務に就いていました。）

十月二十八日、渡韓の命を受け、同訓令受払の御用あるを以て、同島守備交代の準備を為し了り、出頭すべき命を受く、同日出発、同二十九日第五師団司令部へ出頭。

つまり二八日に、下関彦島に居た南少佐に、渡韓（朝鮮派遣）の命令が届き、南少佐は、その日に、彦島「守備交代の準備」を終えてから出発、翌日、第五師団司令部へ出頭したのです。そこには大本営が設営されていました。南少佐が「守備交代の準備」をしてから、その日「出発」した、ということは、そうした準備の時間があったということです。少なくとも午後四時以前、つまり大本営の最高指導者たちが、ソウル日本公使館や仁川兵站監へ東学農民軍討滅部隊派遣を打電した午後四時より早く、彦島の後備第十九大隊へ「渡韓」の命令が出されていたということです。

❖「二中隊」がなぜ「三中隊」に拡大されたのか

ところで、なぜ後備第十九大隊の三中隊が朝鮮派遣軍に選定されたのでしょうか。また、ソウル井上馨公使や仁川兵站監部の要請が「二中隊」であったのに、なぜ「三中隊」に拡大されたのでしょうか。

まず後者の問題から見てみましょう。井上公使は、外務省の上司にあたる陸奥外務大臣を飛び越して、伊藤総理に至急電報を送り、伊藤総理から陸奥外務大臣に連絡するように依頼していました。陸奥宗光外務大臣は、東京にいたのです。東京で電報を受け取った陸奥は、外務大臣として、広島の伊藤総理に外交について意見を述べました。その間の事情について、数日後、陸奥外務大臣はソウルの井上公使に書簡で、次のように説明しています。この手紙は、外交史料館が所蔵する、当時の外務省が系統的に作成した、原史料を綴じ込んだ大冊の資料集、「韓国東学党蜂起一件」に収録されています。

陸奥外相は、井上公使が危惧していたイギリスとの問題は、当面大丈夫、干渉してこない、という自分の見解を伝えました（この点は、井上公使も至急電報の後、ソウルでイギリス総領事と会見して自ら確認したところでした）。

当時のヨーロッパの国際関係を見ますと、ロシアは、フランスと同盟を結んでいました。イギリスは、ヨーロッパ大陸でのバランス外交（列強の勢力均衡）を冷徹なまでに重んじていました。通例こういう際には、ロシア、フランスの両国に対抗してドイツと同盟を結ぶのですが、急速に勃興してきたドイツ帝国のウィルヘルム二世という冒険主義的な君主に接近するわけにはいかなかったのでした。そこでイギリスは、ロシアを牽制するために、力を付けてきた日本に接近し始めたのでした。中国に日本以上の利権を持ち、そのため中国の利権保護を重視して、日本のアジアへの侵出を抑える重みをもっていたイギリスが、ここへ来て日本への接近を始めていたのです。

陸奥外相は、回顧録『蹇蹇録《けんけんろく》』に記しているように、当時のロシアも日清戦争に本格的な介入をしないと知っていました。ロシアは、東学農民軍が朝鮮半島南部で蜂起するのは、問題としない、しかし農民軍が北上して北東部のロシア国境へ入ってきた時はロシアが、それを口実に限定的に介

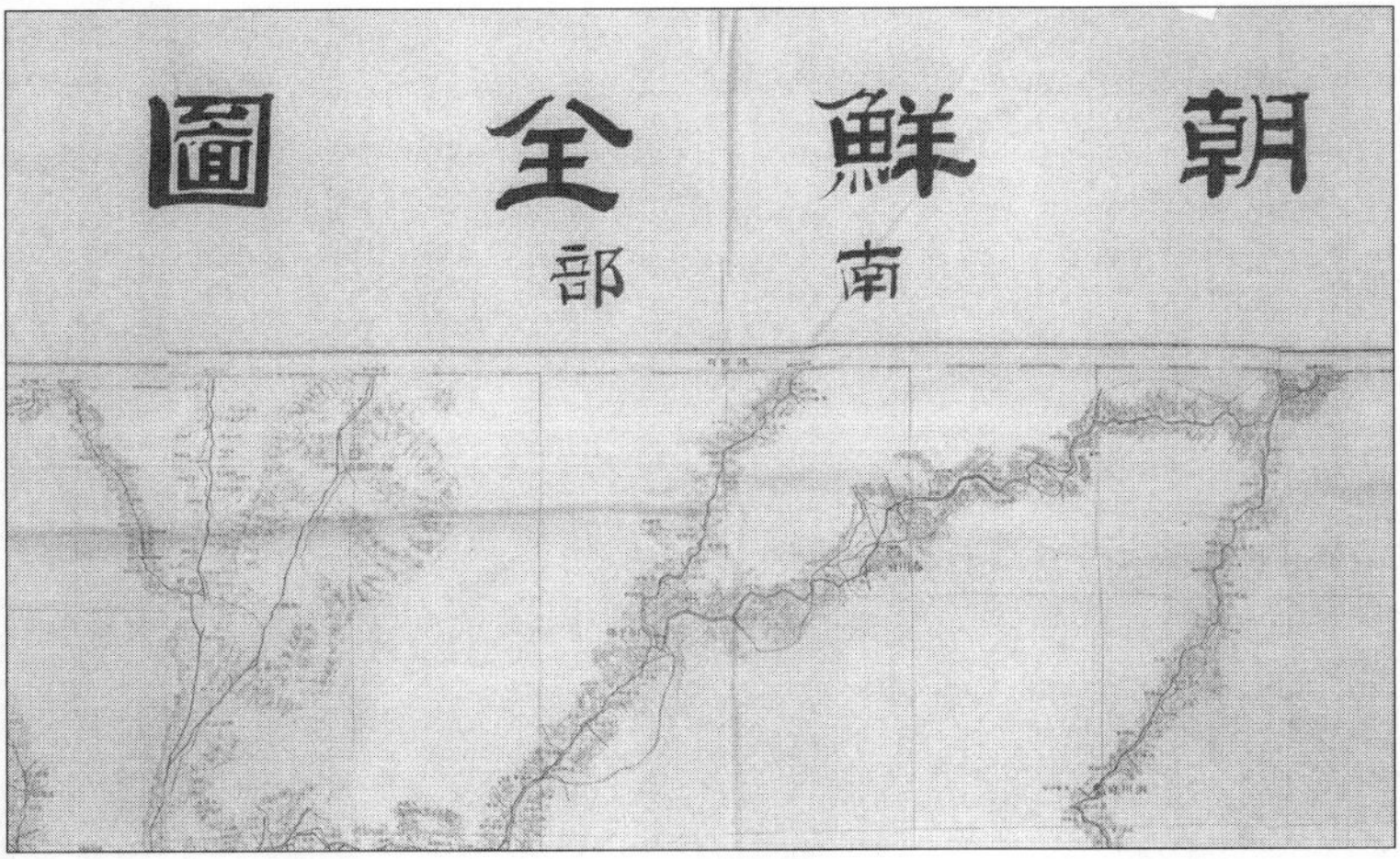

日本陸軍作成の測量地図「朝鮮全図・南部」の表題部分

入する恐れがある、と陸奥は心配していました。朝鮮の北東部にある咸鏡道方面は、ロシアが十九世紀後半に急速に南下してきていた沿海州に隣接しているのです。朝鮮の独占的支配を目指す日本の指導部にとっては、東学農民軍の北東部への逃走を抑えて、ロシアに沿海州方面からの南下の機会を与えないようにしなければならない、と陸奥は井上公使に伝えたのです。

こうして陸奥外務大臣は、東学農民軍の北東への広がりを防いで、南西の全羅道方面へ包囲殲滅する作戦を打ち出したのでした。この作戦には、農民軍主力の全羅道農民軍に注目していた川上兵站総監も異存はなかったはずです。

日本陸軍測量部は、一八八八年に朝鮮内地の測量をしていました。日本陸軍作成の測量地図「朝鮮陸図」、一八八八年測量、一八九三年亜鉛版印刷の二〇万分の一、全六八枚の地図が、今も防衛省防衛研究所図書館の旧宮内庁千代田史料のなかにセットになって保存されています。この地図は、山間部などは空白が多いのですが、街道左右の地形については、横切る川、坂、目印の山地などが隙間なく測量されています。この六八枚を朝鮮南北二枚、三六枚と三二枚に分けて張り合わせ、道路、川、海を色づけした、一八九三年に作成された巨大な地図「朝鮮全図」も千代田史料に現存します。二枚とも広げると防衛研究所図書室の大型の閲覧机でも広げきることのできない大きさです。日清戦争前年の作成で、当時、大本営などで使用された地図の一つと思われますが、この「朝鮮全図」に、朝鮮半島を中部から南部へ縦断する三つの街道がはっきりと記されていました。

東から、大邱街道（兵站線）、清州街道、そして公州街道で、今も韓国の幹線道路です。東学農民軍を南西方面へ包囲して殲滅するには、この三つの街道を南下する作戦が求められることになります。それには、三つの街道を各々南下することのできる「三中隊」が最低限どうしても必要なのです。二中隊でも、仁川兵站監部や井上公使が述べていたソウルを守備する作戦は可能ですが、こういう三路包囲殲滅作戦は不可能なのです。

朝鮮に渡った後備第十九大隊に与えられた訓令には、三中隊が、おのおの三つの街道を一斉に南下し、「党類を撃破し、その禍根を勦滅《そうめつ》し、もって再興、後患を遺《のこ》さしめざるを要す」と命令されていました。東学農民軍の徹底殲滅でした。加えて井上馨公使は、東学農民軍が沿海州方面へ広がらないように、東路（大邱街道）増援部隊として、先に派遣が決まっていたソウル守備隊の後備第十八大隊のうちの第一中隊を追加して派遣したのでした。

次に、なぜ、後備第十九大隊が選ばれたのかという問題です。後備第十九大隊は、第五師団支配下の後備兵で、後でも見るように、四国四県出身後備兵の混成部隊でした。そして実は、つぎのような事実があります。

山口県文書館の明治維新期の様々の「戦功録」には、南小四郎大隊長の経歴が記されていました。南小四郎は、一八六四年の禁門の変に上京し、選抜されて戦闘にも加わり、敗北後に、藩内の内戦でも戦闘に参加。翌年四月、討幕派の有志隊として小郡《おごおり》近辺で結成された鴻城軍に入隊し、参謀兼書記を務めました。この鴻城軍（のちの整武隊）の総督こそ、井上聞多《もんた》、すなわち若き日の尊王攘夷派、のち討幕派指導者の一人となった井上馨だったのです。

このとき、南（旧姓柳井）小四郎は、満二四歳、井上聞多は二九歳でした。なお検討しなければならない点が多々ありますが、この事実は単なる偶然ではないと思います。一八九四年一一月、日清戦争の渦中に朝鮮で出会った井上馨公使と南小四郎大隊長は、幕末維新期、長州藩尊王攘夷・倒幕運動時代の、知名度には大差があったとはいえ、ともに運動家（志士）で、旧知の間柄だったのでした。

幕末・維新期、長州藩の二人の活動家は、日清戦争で、朝鮮駐在の外交部と軍部の現場を担うことになったのです。

4　連山の戦闘現場――日韓の共同調査から

✣農民軍のゲリラ戦術に翻弄された南大隊長

後備第十九大隊の三中隊は、一一月一二日に、ソウル近郊の日本軍陣地、竜山から、一斉に、それぞれの三つの街道を南下してゆきました。

第一中隊は「東路」の大邱街道、日本軍兵站線が通る街道を、また、第二中隊は「西路」の公州街道、西海岸の全羅道へ向かう道を南下、第三中隊は、「中路」、北接の本拠報恩郡へ進む清州街道で、大隊長南小四郎はこの山岳地帯の中路を南下しました。三中隊は、それぞれが東学農民軍を包囲殲滅して、全羅道西南部に追い込み、二度と再起させないようにするという任務を与えられていたのです。これに加えて、井上馨公使は、前述のように東路隊への援軍として後備第十八大隊第一中隊を派遣しました。大隊の作戦予定は、要する期間は二九日間、一二月九日には殲滅作戦を終結して、全軍、東の慶尚道洛東に再集合する予定でした。

一方、これに対して、全琫準が指揮する南接全羅道農民軍は、全羅道から北上、後備第十九大隊が竜山を出る前日の一一月一一日に、忠清道に入ったところに広がる論山平野の論山に本陣を置きました。

また一方、忠清道、江原道、慶尚道、京畿道などの北接東学農民軍は、東学の本拠地、報恩郡に集結し、兵力を二つに分けていました。発掘された新史料「林東豪略歴」などによって、近年、忠北大学の申榮祐さんが明らかにしたところによれば、北接農民軍は、軍勢の半数を忠清道西北部の地元防衛部隊に残留させる一方で、軍勢の半数を、日本軍と戦うために、西の論山に送り、一三日、南接と北接東学農民軍は論山本陣で合流しました。

これに対して、日本軍西路隊の第二中隊は、南北接合同農民軍の北上を論山平野の北部にある錦江河畔の要地、公州城に入って待ち受けました。こうして、一一月二〇日に農民軍が北上し、東学農民戦争最大の激戦、二次に及んだ公州の戦いが始まったのでした。

日本軍後備部隊は、スナイドル銃という、ライフル銃を持っていました。ライフル銃は、弾丸を回転させるよう銃身内部にラセン状の溝を刻んだ銃で、それまでの小銃とは隔絶した射程距離と命中率、殺傷力を持っており、世界の歩兵戦に革命を起こしていました。

結果は、ライフル銃を持って訓練された日本軍西路隊が勝ちを占めたのですが、二次にわたったこの公州の戦いで日本軍は二〇日間を要してしまいました。最大の激戦となったこの公州の戦いこそが、前章の最後に述べられている牛金峙の戦いです。

視点を公州の戦いの周辺状況に置いて補足をしましょう。南小四郎大隊長は、公州城に拠る西

後方の低いところが峠道。南大隊長の指揮する日本軍はここを通って連山へ向かった。人物は左から申栄祐、筆者、趙重憲、朴孟洙。

路隊（第二中隊）から至急援軍の要請をうけました。南大隊長と第三中隊は、山岳地帯、忠清道の文義から西へ折れて、論山平野にある公州へと山脈越えの道を急いだのでした。ところが、その途中、背後で忠清道東学農民軍（右の残留した忠清道守備隊）が再び蜂起したとの知らせが届いたために、挟撃を恐れた南大隊長は、文義へ戻る決断をします。南大隊長は、文義に戻って忠清道農民軍をさらに追跡して、山岳地帯を南下しました。そして沃川から錦山、さらに珍山から連山へと、公州のある論山平野へ向かうために、忠清道と全羅道の道境で複雑に屈曲する車嶺山脈の悪路を二度、乗り越えたのです。

この二つの山岳地域（沃川・錦山の間と珍山・連山の間）は、先に紹介した防衛研究所千代田史料に現存する日清戦争直前に作成された巨大な二〇万分一地図を見ると、まったくの空白地帯でした。連山は、地名すら記されていなかったのでした。南大隊長は、この山岳地帯を右往左往し、膝を没する悪路に苦しみ、軍馬の半数を失っていました。南大隊長が西路隊へ合流したのは、忠清道魯城へ出た一二月一一日でしたが、公州戦闘はすでに四日前に終わっていました。南大隊長と第三中隊は、忠清道東学農民軍留守部隊に翻弄されたのでした。

付け加えますと、西路隊の第二中隊も、公州第一次戦闘の際には、公州の西方、洪州で蜂起した地元の忠清道東学農民軍によって小隊を足止めされ、第二中隊の兵力を二分されていました。つまり、日本軍の二中隊は、公州の戦いの間、ともに分断されていたのです。

数万名の東学農民軍は、一〇〇名単位と兵力のはるかに少ない日本軍に、個々の戦闘では圧倒的に撃破されました。竹槍と火縄銃の農民軍に対し、訓練されたライフル銃の近代歩兵隊は、二〇〇名に対する一名ぐらいの、途方もない戦力差があったのです。

しかし一方、大きく戦局を見ますと、東学農民軍は、非力で劣弱な、竹槍と火縄銃しか持たない農民軍として、個々の戦闘では惨敗しながらも、右のように地の利、人の利を得て、可能な限り有効に日本軍に対抗したのでした。

日本軍は、戦闘記録のなかで、東学農民軍は、日本軍が進めば、一般農民に紛れて姿を隠し、日本軍が引けばまた現れ、進めばまた姿を消した、そのために「進退に疲れ果てた」と、討伐戦を通じて、くり返し記していたのです。東学農民軍は、二〇世紀の、いわゆる「第三世界」に展開する民族解放戦線のゲリラ戦の鉄則を実行していたのだと思います。

❖場所も日付もすりかえられた日本軍戦死者

しかしまた、近代的武器と戦闘組織の破壊力の差によって、東学農民軍が次第に壊滅させられたことも厳然とした事実でした。後備第十九大隊三中隊は、全軍約六〇〇名余の兵力でしたが、この兵力で数十万名の農民軍を追い詰めて殲滅し、農民軍の犠牲者数はいまだ明らかではありませんが、少なくとも数万名を戦死させたのでした。

一方、後備第十九大隊の戦死者は、南大隊長が、「連山戦闘詳報」で報告した氏名未詳の一名、「我軍　死者一名」だけでした。ただし、他の日本軍と同様に、戦争後、疫病による戦病死者を多く出しました。後備第十九大隊も、討滅作戦後の戦病死者、三九名を出したのです。

この戦病死者名簿が、戦前一九三五年刊行の『靖国神社忠魂史』第一巻に記録されているのですが、その名簿の出身県欄に、後備第十九大隊三中隊が四国四県の混成部隊だったことが明記されています。作戦中の戦病死者二名を合わせて、同大隊の戦病死者は、愛媛県一三名、香川県一五名、高知県一〇名、徳島県三名で、三中隊とも四国四県の混成部隊でした。

そこで私は、四国四県を、後備兵士の記録を探して歩きました。高知県の『土陽新聞』は、県立図書館が空襲を受けたために残存状況がよくなかったのですが、ほかの三県は、当時の地方新聞がよく残っていました。徳島県の『徳島日日新聞』、香川県の『香川新報』、愛媛県の『海南新聞』、同県宇和島の自由党系の『宇和島新聞』でした。

予想外でしたが、地方新聞に、後備兵士関係の記事は、数多く掲載されていました。後備兵士は、三〇歳前後の高年齢者で、ほとんどが家族持ちだったために、兵士が出た後の留守家族のひどい困窮状況が地元の社会問題になっていたのです。地方新聞は、後備兵士の「赤貧家族」、「困窮を究む」などの記事にあふれていました。応召した留守家族を支援する国家の体制はできていませんでした。松山市で、一八九四年八月四日に結成された「松山報効同志会」(本部、出淵町一丁目)のように、困窮家族を支援する市町村単位の後援組織があらゆるところでできていました。

この地方紙の調査から、先ほど見た後備第十九大隊の、ただ一人の戦死者の記事を、徳島県立図書館で見いだしました。『徳島日日新聞』は、阿波郡市香村大字香美(現、市場町香美)の杉野虎吉が、連山の戦いで、一二月一〇日に戦死したことを報じていました。

ところが、調べてみると、この連山の戦いの戦死者は、『靖国神社忠魂史』第一巻に記されていないのです。『靖国神社忠魂史』は、戦前一九三五年に、靖国神社と陸海軍省が編纂したものです。同書巻末の人名索引で調べると、徳島の杉野虎吉は、「成歓の戦い」の初日である一八九四年七月二九日の戦死者として記載されているのでした。成歓の戦いは、朝鮮の東学農民軍との戦闘ではなくて、清国軍との緒戦でした。戦死の日付が、一二月から七月に移され、戦闘場所も移されていたのです(一四七ページ図版参照)。

❖戦史から消された東学農民戦争

編纂者である陸軍省は、全兵士の詳しい正確な記録を保管していたはずなのです。この戦死者記録の改竄《かいざん》について、私は、思い当たるところがありました。日本軍参謀本部は、日清戦争の正史として、一九〇四年に、浩瀚《こうかん》な『明治廿七八年日清戦史』全八巻を刊行しました。この戦史も、実は、東学農民軍に対する三路包囲殲滅作戦を叙述していないのです。ただ最後の巻、第八巻第四三章の四節「朝鮮に於ける中路及南部兵站」で、兵站部変遷の説明のなかで、「東学党」に対する「掃蕩」、「殄滅《てんめつ》」などが、本文三頁分だけを割いて、ほんの大筋だけが記されただけなのでした。それは、東学農民軍包囲殲滅作戦の戦史とはとうてい言えない体《てい》のものでした。

数万の朝鮮農民の犠牲者を出した朝鮮東学農民の蜂起と日本軍の包囲殲滅作戦は、日清戦争後の日本政府と日本軍にとって、本来は大問題を残したはずだと思います。しかし、それを戦史に、多少でも客観的に記録しようとする参謀本部の姿勢は、皆無なのでした。それどころか、大がかりな作戦があったこと自体が、軍事機密上兵站部を明らかにしないなどの、いかなる言い訳があるにせよ、参謀本部編纂の戦史では、隠蔽されたのでした（日本軍の兵站線の弱さは、知れわたった事実でしたが）。殲滅作戦そのものを消した以上、そこでの戦死者も消さなくてはなりません。それゆえに、戦死者が清国軍との戦いへと移されたことが、私には、腑に落ちたのです。

考えてみれば、二一世紀の現在、日本の日清戦争の研究者も、この点では、旧陸海軍と大きく変わったと言えそうにありません。朝鮮農民の犠牲者数をあげるものが二、三、ごく近年に見られる程度で、それも日清戦争のなかでの朝鮮農民の第二次東学農民戦争の展開や意味をまともに検討しているとは言えないのです。

東学農民戦争での戦死者を、清国軍との戦いの戦死者にすり替えるという、靖国神社と陸海軍省の戦死者に対する改竄、冒涜は、私は、一度はきちんと検証しておかなければならないと思っていました。

二〇一〇年冬、韓国の東学農民戦争の研究者・朴孟洙さんと、第三中隊の山岳部の進撃路現地を追跡しました。珍山の峠を越えると夜になってしまいましたが、杉野虎吉の戦死に想いをはせながら、連山駅までたどりついて、見つかる可能性は少ないにせよ、今の時点で、徳島県の戦死者の墓所を現地で探して見ておこうという気持ちを強くすることができました。

杉野虎吉の郷里徳島県阿波郡市場町香美《かがみ》は、地図で見ると吉野川中流部の左岸、台地上の農村部にありました。二〇一一年三月中旬、徳島本線の学《がく》駅から町営バスに乗り、香美南で降りて、南部から墓所を探したのは、四国が寒波に襲われた日でした。香美の北部、市場町の県道と旧撫養《むや》街道の分岐点のすぐ南、公営火葬場東隣にある共同墓地の中央で、杉野虎吉の砂岩で造られた小型の忠魂碑を見いだしました。風化した碑には、撫養街道で妻と農商を業にしていた「温厚」な杉野虎吉が、忠清道連山県で、四囲からの弾丸が顎に命中して戦死したと記されていました。戦死した翌年に、兄が建てた碑でした。靖国神社と陸軍省がなした改竄の事実には、決着がついたと思います。

兄によって建てられた杉野虎吉忠魂碑

李朝時代に建てられた連山門（撮影・朴孟洙）

❖一瞬で山々を埋めつくした白衣

一方、韓国では、徳島県の戦死者忠魂碑発見の連絡を受けた研究者・朴孟洙さんが、再び連山を訪ねて、連山の戦闘現場を現地調査されました。その年（二〇一一年）の一二月一〇日、連山の戦闘が戦われた一一七年後のその日、私は、朴孟洙さん、申榮祐さん、地元の郷土史家・趙重憲《チョジュンホン》さん、独立運動史研究所の趙星珍《チョソンジン》さんらと、連山で落ち合って、連山の戦闘跡地を回りました。連山官衙《かんが》（役所）の立派な門が、当時のまま建っていました。この連山県の官衙に南小四郎たち第三中隊は、まず入ったのでした。のちに殲滅作戦終了後、ソウルで南大隊長が、自身が戦った連山の戦いについて、詳しく状況を話した講話記録「東学党征討略記」が、『駐韓日本公使館記録6』に残されています。私たちはごく自然に、それぞれの想いを込めて、この南大隊長の講話記録について話し合っていました。

第三中隊を待ち受けていたのは、全琫準の副官・金順甲《キムスンガプ》らが指揮する、公州戦闘から後退した南接北接の連合東学農民軍の別働隊でした。南小四郎大隊長らが、立ちながら昼飯を取ってから、前進しようとしたとき、「その瞬間に」、眼前の丘、城壁、山に白衣の東学農民軍が一斉に姿を現しました。一瞬にして、四囲の丘、城壁、山は、農民軍の白衣で真っ白になった、「すべて周囲の小《しょう》丘《きゅう》は瞬間に白衣の賊徒を以て充実」した、その数約三万名——と南大隊長は講話していました。

東学農民軍が本拠にした官衙正面の黄山城は、高さ約二五〇メートルで、連山の周囲は、その名の通り連なる山並みに囲まれています。大隊長講話などから戦況を推察すると、杉野虎吉は、一小隊とともに、正面の黄山城に拠る農民軍の方へ進撃しているときに、弾丸に当たって戦死したのでした。役所から連山川を越えて黄山城へ行く正面の村は官洞里といいます。この村に、東学農民軍の官洞里包が組織されていたことを申榮祐さんが教えてくれました。

黄山城は、韓国でも有名な新羅と百済の古戦場だということです。連山は、昔から交通の要地でした。南小四郎の第三中隊が連山県に入るときに、軍馬の多くを失った険しい峠道の旧道も残っていました。

連山の戦いは、韓国の地元ですら、歴史からまったく忘れられていましたが、日本軍と東学農民軍との戦いを典型的に示した戦闘でした。南小四郎は、まず連山県の地方官（県監）のいる官衙へ入りました。事実上、官衙を占拠したのでした。日本軍は、朝鮮政府派遣の通訳も同行させており、連山県監を日本軍に協力させたのです。

しかし、この時、連山県監・李秉濟《イビョンジェ》の態度は、わざとあいまいで至急人夫徴発を求める日本軍へ協力しなかったのです。東学農民軍が日本軍を襲撃してくることが分かってきました。南大隊長は、県監を柱に縛りつけました。県監の長男が、東学農民軍に入っていて、直前に県監のところへ来ていたことが判明しました。

連山のこうした状況は、以後、東学農民軍が強力だった全羅道での日本軍の討伐戦争の様相を象徴していました。日本軍は、まず地方官の官衙を事実上占拠して、地方官の協力を強要しました。しかし南大隊長は、全羅道地方官のほぼ全員が、日本軍に非協力的だったと述べざるをえませんでした。

南大隊長は、出会った地方官のほとんどを東学農民軍への参加、あるいは日本軍への非協力という罪状でソウルへ護送しました。中には、大隊長に「死罪に値する」と断りを付けられた任実県の県監のように、護送途上、監視の隙を見て逃走した地方官もいました。砺山県や任実県、咸平県、宝城県などの地方官のように、自身が東学農民軍に加わっているものも多かったのでした。

もともと韓国の地方官は中央政府から派遣される官吏で、東学農民軍と地方官とは、基本的には対立関係にあったのでした。先ほども紹介したように、近年の研究によって明らかにされているのですが、南接の東学農民軍は、地方官たちの強い抵抗のなかで、地方官ときびしく対決しながら、農民軍固有の組織である都所に指導者が集まって、農民自治の体制を造ったのでした。ところが、日本軍が包囲、襲撃してくるという局面で、地方官の多くは東学農民軍に加わり、あるいは協力したのです。地方官ですらそうだったのですから、地域の農民は、ほとんどが東学農民軍に加わるか、その協力者になるというのが実態だったのです。したがって地域の農民自治も、日本軍が迫るという非常事態の局面で、むしろ強化されたはずでした。

連山県で、東学農民軍は「一瞬にして」、丘、城、山を白衣で埋めつくしました。南大隊長を恐れさせた農民軍のこういう周到な準備は、連山の正面に官洞里包が組織されていたように、地方農民の東学農民軍への参加や協力があってこそなしえたことでした。

連山の戦闘で、南大隊長は、日本軍の死者一名、一方、農民軍の「死者五十名ばかり、傷者未詳」、「費消弾薬、一千四百発」と報告しています。日本軍のライフル銃は、「百発百中」だったのです。農民軍は、死者を運び去りましたから、死者はもっと多かったと思われます。

連山の戦いでは、農民軍は、南大隊長を恐れさせる組織力を見せてから、すみやかに後退してゆきました。ここから見ると、これは全琫準指揮下の農民軍本隊の退却を援護する陽動作戦だったと思われます。東学農民軍は、指揮官・金順甲をはじめ、死者多数を出しながらも、日本軍が来れば姿を隠すという原則にしたがって後退していったのでした。

5　乱発された殲滅命令

✣軍艦まで派遣した包囲殲滅作戦

連山の戦いの翌日、一二月一一日、仁川兵站司令部は重要な命令を下しました。後備第十九大隊三中隊に対して、全羅道西南部へ向かって直ちに前進せよという命令でした。

三中隊の全軍が、全羅道北部で、全州から茂朱、居昌（慶尚道西端部）まで、東西に大きく広がった包囲網をつくり、次いで、やはり全軍で、農民軍を全羅道の西南海岸へ押し込めて、討伐せよという命令でした。「南部兵站監部陣中日誌」の一二月の冊子に記されています。

ソウル出発時の訓令では、全羅道南部へ入るのは西路隊の第二中隊だけで、南原（全羅道）まで入って殲滅しろという命令でした。第一中隊や第三中隊は、全羅道南部へ向かう任務はなかったのです。

しかし、南接と北接の連合東学農民軍は、日本軍や朝鮮政府軍と戦いながら、全羅道の南部へと後退してゆきました。忠清道から加わった北接東学農民軍も、なお二万名から一万名の軍勢を維持して、報恩などの故郷から離れて、西南の全羅道南部へと後退していったのです。そして、中榮祐さんによれば、全羅道の、北接教主・崔時亨が潜伏していた任実まで南下し、その後、故郷の報恩へ戻って、日本軍との最後の戦いになった鍾谷の戦闘で壊滅したのでした。およそ二万名の北接東学農民軍は、日本軍や地域の反農民軍民兵の襲撃を受けながら、二カ月に及ぶ長期間の遠征を続けながら戦うという、驚くべき組織力と行動力を示したのです。

一方、日本軍後備第十九大隊の進軍は、順調にはゆきませんでした。大隊三中隊は、作戦完了予定日（一二月九日）になっても、忠清道から出ることすらできていなかったのです。そういう事態に対して、ソウルで、井上馨公使と仁川兵站司令官・伊藤中佐が協議して、出発時の作戦を変更し、援軍も増やして、三中隊全軍のすみやかな全羅道西南部への追撃を決めたのです。日本側は、東学農民軍の力量を過小評価していたことに気づかされたのでした。

この時、南部兵站監部は魚隠洞へと北上し、残留した仁川兵站監部は、その下に入って仁川兵站司令部に変わっていました。南部兵站監の福原少将は、その訓令で次のように言っています。

東学農民軍は、有力な軍隊（日本軍）に出会うと、潜伏して所在を隠し、軍隊が去るとまた現れ、また進軍すると姿を隠す。日本軍を奔命に疲れさせてはならない。部隊は、農民軍の「その実を探って、その実に当たるべし」と。つまり、東学農民軍の所在を捜索し、探し出して殲滅せよ、と明確に命令したのでした。

「全羅の西南に押し込めて討伐」せよというこの命令の意味を、正確に知る必要があります。全羅道それ自体が、朝鮮半島の西南部です。西南部にある全羅道の、さらに西南に追い詰めて討伐せよという意味は、朝鮮半島の西南端の海岸の果てまで農民軍を追い詰めて、殲滅せよということなのです。

東の慶尚道の釜山からは、後備第十聯隊第一大隊も派遣され、朝鮮半島の南海岸を全羅道南部へ進軍し、東側から東学農民軍を包囲しました。一方、井上馨公使は、農民軍が南沿岸に散らばる島々へ逃走するのを防ぐために、二隻の軍艦を全羅道の沿岸へ派遣し、殲滅作戦の包囲網に漏れがないよう支援させました。北と東と西南から海岸ぎわへ押し込める徹底した包囲殲滅作戦でした。

❖日清戦争での最多の「戦死者」は朝鮮人だった

相次いだ殲滅戦のために、全州や南原、錦山など主な街は、灰燼に帰していました。全羅南道の南西端は、羅州平野が海岸まで広がっています。平野の中心であり、首府でもある羅州府に後備第十九大隊が集合し、作戦の本部を設営しました。全羅道のなかで、東学農民軍の自治が布《し》かれていなかった三つの都市の一つが羅州で、東学農民軍に対抗しつづけていた羅州府使（地方官）が、南大隊長を迎え入れたのでした。

一八九五年一月四日、後備第十九大隊は、三中隊とも、全羅道南部の羅州へ入り、その後一カ月間、羅州に、同大隊の東学農民軍殲滅作戦本部が置かれたのです。このようにして、前に見たように、井上公使と仁川兵站監から一二月一一日に訓令されていた東学農民軍を探し出して殲滅する作戦が、この一月四日から格段に強化されて始まったのです。

これに対して、翌日、霊巌、康津、長興、宝城、綾州など、羅州平野南部一帯に退いていた農民軍が一斉に蜂起しました。東学農民軍は、敵対した長興府使を殺害しました。

南大隊長は、殲滅作戦直後に「東学党征討略記」という講話記録を発表していますが、そのなかで農民軍に次のように対処したと述べています。原文通りに紹介します。

「長興、康津付近の戦い以後は、多く匪徒を殺すの方針を取れり」。「真の東学党は、捕《とら》ふるにしたがってこれを殺したり」と。つまり、できるだけ多くの東学農民を殺害するという方針を立て、捕らえれば自動的に殺戮したのでした。

大隊長はまた、これについて次のように補足しています。

> これ小官（南大隊長）の考案のみならず、他日、再起のおそれを除くためには、多少、殺伐の策を取るべしとは、公使（井上馨公使）ならびに指揮官（仁川兵站監伊藤中佐）の命令なりしなり。

井上馨公使と、仁川兵站監部から、「殺伐の策」を取れという命令が出ていたというのです。

南大隊長は、二月一一日に羅州の本部を引き払って、帰途につきますが、その際、井上馨公使に、「東学党征討策戦実施報告」を送りました。それには、「討伐の結果」について、「訓令の如く賊徒（農民軍）は、全羅道西南部に窮追せしに」と報告を始めています。全羅道西南部へ追い詰めたのは、やはり井上公使らの一二月一一日「訓令」による作戦であったのです。

続いて、東学農民軍は、長興の戦闘後、散乱して所在が分からなくなったと述べ、次のように報告しました。「地方人民」、すなわち反農民軍の民兵を捜索に尽力させた。ところが、保守派、反農民軍の民兵は、日本軍の威を借りなければ、農民軍を捜索して捕縛することができなかった。やむをえず、日本軍を西南各地に分屯させて、農民軍を追捕させた、と。つまり、地方の保守派民兵も、日本軍が居なければ、捜索・捕縛をしなかったのでした。反農民軍の民兵も、南大隊長の講話では、農民軍が大勢を占めていた全羅道では、直前までは全員東学農民軍で、「反農民軍に急変」したという場合が多々あったのです。

次いで、処刑された人数について、大隊長は、次のように報告しています。「海南付近　二五〇人、康津付近　三二〇人、長興付近　三〇〇人、羅州付近　二三〇人」と。そして、その他、咸平県、務安県、霊巌県、光州府、綾州府、潭陽県、淳昌県、雲峰県、長城県、霊光、茂長でも、三〇人から五〇人くらいの「残賊」を処刑した、と南大隊長は報じて、東学農民軍は「もはや再興の患《うれ》いなきものの如し」と記していたのです。

東学農民戦争での東学農民全体の犠牲者について、この南大隊長の一連の報告などから、在日の東学農民戦争の第一線の研究者である趙景達さんは、『異端の民衆反乱』（岩波書店）で「ごく粗い概算」を試みています。趙景達さんによれば、死者全体を概算すると、三万人は優に越えていたのは確実であり、負傷後の死者などを考えれば、五万人に迫るという概数が示されています。負傷者は、死者の一〇倍程度と見れば、死傷者、三〇万～四〇万人という朝鮮でよく知られた史書『東学史』であげられている数字は、根拠があると趙景達さんは述べています。

この、戦死者、三万人から五万人という員数は、驚くべきものです。

日清戦争での、戦死者について、原田敬一さんは、最近の著書『日清戦争』（吉川弘文館）で、戦死者は、「日本人約二万名、清国人約三万名、朝鮮人（東学農民戦争の戦死者）約三万名以上」、と、朝鮮人の犠牲者がもっとも多かったと述べています。この朝鮮人「三万名以上」という数字も、趙景達さんなどの試算によったものです。このように、日清戦争で、最多の戦死者を出したのは、実は、日本でも清国でもなく、朝鮮でした。

❖相次いだ殲滅命令と厖大な犠牲者

南大隊長は、「多く殺すの策」や「捜索し、探し出して殺す」作戦を展開したと、講話していました。これについて、先ほど紹介した、山口県で新たに見いだした南小四郎文書の「東学党征討経歴書」には、もっと具体的な殲滅実施の様相が記されています。南大隊長が、支隊などへ出した「勦滅《そうめつ》」（殲滅）命令が、次のように明記されていたのです。

一八九五年一月六日の命令が最初です。南大隊長は石黒大尉（第三中隊）に対し「長興方面に出て、賊徒勦滅」の命令を出し、同日、鈴木特務曹長にも「海岸にある賊徒、勦滅に着手」の命令を下します。次いで一一日には、石黒大尉へ、海南の賊徒、勦滅の命令を下し、さらに一三日には、松木大尉（第一大隊）へ「海南地方の残賊を勦滅すべし」と命令、同日、さらに統衛営兵大隊長（朝鮮政府軍）へ、海南で「賊徒、勦滅すべき命令」を下しました。続いて一五日には、白木中尉へ、松木大尉と合流して海南の残賊を勦滅する命令を下し、一九日に松木支隊へ、右水営付近の賊徒、勦滅すべしと命令を出しました。そして最後、二二日には、松木支隊へ、珍島付近の残賊を、速やかに勦滅すべしとの命令を出したのでした。

全羅南道南部の東から西へ、長興、海南、右水営、珍島と、羅州平野の西南端の海岸地域と珍島など多島海の島々へ、殲滅命令が次々と出されたわけです。

珍島は、南小四郎が井上公使へ提出した「作戦実施報告」には載っていませんでした。しかし、実はこのように東学農民軍殲滅作戦が命令されました。また、統衛営兵というのは朝鮮政府軍ですが、朝鮮軍へも南大隊長が命令したことが明示されています。このように、東学農民軍に対する勦滅命令が、事実として、乱発されたのです。

私が、北海道大学文学部の東学農民軍遺骨放置事件で珍島を調査したところでは、右の「東学党征討経歴書」で南大隊長の命令が出ているとおりに、後備第十九大隊第一中隊の松木支隊が朝鮮政府軍を引き連れて珍島の府庁（珍島城）に進軍し、三日間、討伐を行ったのでした。東学農民軍の死体多数が放置された峠道も『珍島郡史』や人々の言い伝えに残っています。討伐の一一年後に、峠道への遺棄を記した書き付け（「髑髏」という題名の書き付け。本書三ページ）では、峠道に「数百名」の死体が捨てられたとされています。しかし南大隊長の井上公使への報告書では、この珍島の犠牲者は、まったく挙げられていないのです。

その他、たとえば一八九五年一月一四日、殲滅戦末期の報恩郡鍾谷の戦いで、日本軍の「戦闘詳報」では農民軍の戦死者三〇〇余名と記されていますが、忠北大学湖西文化研究所と申榮祐さんの調査によると、朝鮮政府側の記録では戦死者三九〇余名、翌朝の掃討戦で二二〇〇余名が亡くなったと記されているのです。聞き取り調査や発掘調査も、戦死者が厖大だったことを裏付けました。鍾谷の戦いは、公州の戦いのあと、北接東学農民軍が故郷の報恩郡へ戻って日本軍と戦った最後の大規模な戦いです。

また、朝鮮全体で、東学農民軍討伐作戦に動員された日本軍は、趙景達さんが犠牲者数を推計した時には約二〇〇〇名とし、私自身も、約二〇〇〇名規模と推計して北海道大学文学部報告書に載せていましたが、その後、日本に留学した姜孝叔さんが詳しく日本軍史料を網羅的に再検証したところでは、農民軍討伐に参加した日本軍は、約四〇〇〇名と、二倍の規模に及ぶことが分かってきました（「日清戦争と第二次東学農民戦争」千葉大学、二〇〇〇年、修士論文）。

韓国の研究者たちは、農民軍の犠牲者数については具体的に数を論ずるところまで、第二次東学農民戦争全体の調査が進んでいない、しかし、死者三万名から五万名という趙景達さんの推計より、もっと多いと考えられる、と私に述べていました。

一方、右の殲滅戦末期、鍾谷の戦いも、吹雪のなかの夜戦で農民軍の犠牲者は厖大だったのですが、日本軍の戦死者はいませんでした。東学農民軍犠牲者の厖大さを見れば、この殲滅戦が、「もう一つの日清戦争」と呼ばれるのは、まったく正当です。

しかし、具体的な戦いの局面では、激戦になった戦闘の状況が、対等な戦いと言えるものだったのか、疑問があることも見逃してはならないと思います。犠牲者の出方があまりにも偏《かたよ》っていたのです。日本軍が一方的に殺戮し、虐殺したという側面もありました。とくに長興の戦い以後は、南大隊長が「東学党は捕《とら》ふるにしたがってこれを殺したり」と語ったように、日本軍は、捕らえた東学農民軍はそのまま殺戮し、虐殺したのです。

6　一日本軍兵士の「従軍日誌」から

❖記録された殺戮の地獄絵図

私は、四国四県を後備兵の記録を探して歩きましたが、最近、これまで知られていた部隊の陣中日誌以外に、兵士個人の従軍日誌に出会いました。

その一つは、徳島県の後備兵士の従軍日誌でした。後備第十九大隊第一中隊の兵士の従軍日誌で、日清戦争から帰還した数年後、日誌を巻物に清書したものでした。子孫のお宅に、伝えられてきたものでした。杉野虎吉忠魂碑の拓本を採っていただき、阿波郡の歴史を教えていただいた地元の郷土史家、坂本憲一さんから紹介していただいたものです。日清戦争についても、まだまだ地域で史料発掘の余地が十分にあることに驚きました。

従軍日誌には、夜に召集令状を受け取り、翌早朝の出発、松山市の後備第十九大隊部隊への集合、下関彦島守備隊への配置、「東学党征討」大隊としての渡韓、そして忠清道と全羅道での東学農民軍殲滅戦の様相、これらが具体的に克明に記されていました。この兵士は、後備第十九大隊第一中隊第二小隊第二分隊に配属されました。

殲滅作戦終盤の記録の一部ですが、紹介しましょう。羅州平野の南部海岸、長興の戦いは、一八九五年一月八日から一〇日まで三日間でした。東学農民軍は、山腹を登って、山上に陣取る日本軍に迫りました。山の上から見ると、「敵軍、あたかも積雪の如く、鯨波《げいは》（ときの声）、大地も振動す」。これに対し、兵士が所属した第二分隊と第一分隊が合同して実施した殲滅作戦について、次のように叙述しています。

我が隊は、西南方に追敵し、打殺せし者四十八名、負傷の生捕《いけどり》拾（十）名、しかして日没にあいなり、両隊共凱陣す。帰舎後、生捕は、拷問の上、焼殺せり。

日本軍の陣営で、捕虜を拷問の後、焼殺（焼き殺す）した事例の一例です。

次に、一八九五年一月三一日、海南での殲滅の一部を、原文のまま紹介しましょう。

本日（一月三一日）東徒（東学農民軍）の残者、七名を捕え来り、これを城外の畑中に一列に並べ、銃に剣を着け、森田近通一等軍曹の号令にて、一斉の動作、これを突き殺せり、見物せし韓人及び統営兵等、驚愕最も甚《はなはだ》し。

抗日に立ち上がった捕虜を銃剣で、号令一下、突き殺すという日中全面戦争で多発した事例は、この日清戦争の際にすでに始まっていたのです。「見物せし韓人」たちが居て、「驚愕最も甚し」かったと兵士は書いています。凄惨極まる場面、解説は不要でしょう。

また後備第十九大隊の本部が置かれた羅州での処刑について、次のように記しています。

当地（羅州）に着するや、（羅州城の）南門より四丁計《ばか》り去る所に小き山有り、人骸累重、実に山を為せり……彼の民兵、或は、我が隊兵に捕獲せられ、責問の上、重罪人を殺し、日々拾二名以上、百三名に登り、依てこの所に屍《しかばね》を棄てし者、六百八十名に達せり、近方臭気強く、土地は白銀の如く、人油結氷せり……

右の羅州城南門近くの日本軍の処刑場跡は、現地を訪ねると、羅州初等学校のグランドになっていて、小学生たちがサッカーに興じていました。羅州城門は、現在、西門が史跡として復元されています（本書一五三ページ写真）。先に見た南小四郎大隊長が井上公使へ出した「討伐の結果」報告では、羅州の処刑は、二三〇名でしたが、この討伐部隊兵士の従軍日誌では、六八〇名と約三倍になっています。

この他、「獲《とら》え縛《ばく》してこれを銃殺」、「大いに拷問」、「悉《ことごと》く銃殺」、「民家悉く焼き打ち」、「焼殺せり」、「拷問の上、銃殺し、死体は焼き払えり」などなどが記されています。

捕らえて拷問し、焼殺・銃殺し、銃剣で刺し殺し、民家をことごとく焼き払ったと、日本軍の虐殺による地獄絵図が証言されています。私は、この一兵士の、地獄を見据えるような、突き放したとも言える克明な証言に、後世の私たちへの訴えを強く感じました。

❖下士官たちが書き残した殺戮の「愉快」

一方、そういう地獄絵図は、よく読めば、次の一例のように、地方新聞などに掲載されていたのでした。『宇和島新聞』は、日清戦争中にだけ刊行された自由党系の新聞ですが、たとえば先に紹介した洪州の戦いに参加した軍人の手紙が掲載されていました。第二中隊に配属された宇和島の一等軍曹が兄に出した手紙でした。次のように記されていました。

敵（農民軍）の近接するを待つ、敵は先を争ひ乱進、四百米突（メートル）に来れり（東西北の三方面）、我隊、始めて狙撃をなし、百発百中、実に愉快を覚へたり、敵は烏合の土民なれば、恐怖の念を起こし、前進し来るもの無きに至れり（この日、三千百余発を費消せり）……

殺到する東学農民軍を、「四百メートル」まで引きつけてライフル銃で狙撃するのは、日本軍の常用の戦法だったのです。弾丸三千百余発を発射した一等軍曹は、「百発百中、実に愉快を覚えたり」と記しています。続けて、東学農民軍を「烏合の土民」と呼んでいました。自国日本が強兵であることを驕《おご》り、朝鮮民族の尊厳を無視した、無惨な手紙としか言いようがありません。そして実は、地方新聞に掲載された軍人の手紙には、こういう言説があちこちに見られるのです。

私は、はじめのうちはこれらの表現を日本人のどうしようもない無惨で蔑視に満ちた言葉として、市民への報告会などで話していました。しかし、何回か、報告会で話し、また文章にしているうちに、気づくことがありました。

それは、これらの手紙が、一等軍曹という下士官や将校など、若手の職業軍人によって記されているという点です。他の地方新聞の記事も読み直しましたが、東学農民軍に対する殲滅戦で、「百発百中、愉快」というような威勢のいい手紙を書いているのは、こうした下士官や将校でした。日清戦争という日本の初めての本格的対外戦争で、彼らは初めて「大陸」へ「出征」したのでした。そしてそこで小隊を指揮して奮戦したと故郷へ知らせていたのでした。

兵士は、ライフル銃を携えていました。徴兵令状で集められた農民たちが兵士でした。下士官や将校は、この兵士たちを、現場で自分の意のままに動かすことができたのでした。ライフル銃と徴兵制に支えられて、職業軍人たちは、比較的確実に、軍人には大切な名誉と出世を手にする機会を得たわけでした。「実に愉快を覚えたり」というのは、半ば以上、本音だったと思います。

それに対して、四国の地方新聞に載る、徴兵された後備兵士の記事は悲痛でした。後備兵士は、多くが妻子持ちで、紙面には残った家族の「赤貧」を訴える記事が溢れていました。日清戦争では、まだ国家の援護の体制もできていませんでした。市町村では、どこにおいても、義捐《ぎえん》金募集が行われ、援護組織が造られていました。

軍曹や曹長といった下士官の「愉快」という言葉について述べましたが、ここにも考えなければならない問題があると思います。この東学農民軍三路包囲殲滅作戦は、一〇月二八日に大本営の伊藤博文総理ら最高指導部と陸奥宗光外務大臣らが決定し、命令した作戦でした。南小四郎大隊長も、一〇月二八日に大本営から渡韓、東学農民征討の命令を受けたのでした。国際法に違反した、不法で大規模な虐殺作戦を、最高指導部から命令されたのでした。実際、大隊長は、先に見たように「多く殺すの策」は、井上馨公使と仁川兵站監の命令だったと証言していました。三路包囲殲滅作戦の責任は、大本営の伊藤博文総理たち最高指揮官にあるのです。

❖自殺した二人の将校

実は、後備第十九大隊を中心とする三路包囲殲滅作戦を支援した兵站線守備部隊が、日本へ帰国する直前に、現場の指揮官二名に事件が起きていたことが分かりました。この二人は、後備第十聯隊第一大隊の福富孝元大尉と遠田喜代大尉でした。

福富大尉は、可興兵站司令官で、忠清道地域全体の守備の現地責任者でした。一〇月下旬、北接東学農民軍の一斉蜂起を井上馨公使に報じたのも福富大尉で、その前から討伐や偵察、殲滅の最前線に立った将校でした。

殲滅作戦終了後、一八九五年四月に事件が起きました。四月二八日の夕刻、軍刀で頸動脈を切って「自害」しているのが発見され、治療を受けましたが、死亡しました。高知市出身の大尉でした。もう一人の遠田大尉は、釜山守備隊の小隊長で、羅州平野の包囲殲滅戦にも釜山から支援のため出撃した現場の指揮官でした。順天、宝城など、南海岸部で、修羅場になった凄惨な討伐を指揮していました。帰国目前の一〇月二日、乗馬で出かけて行先不明になり、四日後、蔚山への街道上の三呂村で「自害」しているのが発見されました。

福富大尉は叙勲の申請中で、遠田大尉は九月二四日に大尉に昇進したばかりでした。軍隊で問題を起こしていたわけではなかったのでした。

帰国目前の遠田喜代大尉は、松山市出身で、妻と二人の幼児がありました。東学農民軍包囲殲滅戦争の大虐殺は、将校たちの精神に深い傷跡を残したのだと思います。

徳島の兵士が、先のように地獄絵図のような討伐戦を克明に叙述していました。この兵士は、連山の戦闘で戦死した後備第十九大隊ただ一人の戦死者、杉野虎吉とは親友でした。親友杉野虎吉の戦死を、一二月二八日、南原で聞くのですが、その前の一二月三日に杉野と沃川で出会っています。全村東学農民軍だった沃川は、日本軍に攻撃され、「故に六里間、民家に人無く、また数百戸を焼き失せり、かつ死体多く路傍に斃れ、犬鳥の喰ふ所となる」という状態でした。兵士は、「その夜、杉野虎吉に面会し、戦闘の話種々、かつこれまでの困苦を語り合ひ、数時間に及ぶ」と記していました。語り合ったのは、彼らが経験させられた「これまでの困苦」でした。下士官の「百発百中、実に愉快」とはちがっていました。日本兵の虐殺行為に、もちろん彼自身も参加したのですが、しかし、正視に耐えがたい虐殺と破壊を、克明に、具体的に記して、数年後、親戚のものに筆記を手伝わせたその行為には、この兵士の、この事実を書き残し、後世に訴えようという想いが込められていたと思います。

❖東学農民戦争はなぜ黙殺されてきたのか

このような日清戦争での大虐殺が、日清戦争史の研究者にまともに取り上げられなかったのは、なぜでしょうか。日清戦争での旅順の虐殺事件は、比較的よく取り上げられます。旅順の虐殺事件は、事件の当時から欧米に報じられ、きびしく批判されました。

一方、東学農民軍包囲殲滅作戦は、欧米から批判されることはありませんでした。そのため、東学農民軍大虐殺に一抹の疑いを持つ方があるかもしれません。しかし、欧米が、この殲滅戦争の虐殺を無視したところにも、東学農民戦争の重要な意味があったと思います。東学農民軍が敵対したのは、日本だけではなかったのです。もともと東学の主張は、「斥倭洋《せきわよう》」であって、朝鮮の自律を原則的に主張する運動でもありました。「斥倭洋」を訴えるために、欧米公使館の壁に張り紙を出して、反侵略を主張したりしたのです。

前にも紹介したように、陸奥宗光外務大臣は、東学農民軍の蜂起と討伐が朝鮮の南部で起きている限りロシアが干渉する恐れはないと確信していました。井上馨公使も、欧米公使館は、東学農民軍のソウル接近を恐れていると報じていました。

東学農民軍殲滅戦争は、当時の日本の新聞に「東学党鏖殺《おうさつ》（皆殺し）」などとあからさまに書き立てられていました。欧米側が、日本軍の農民軍殲滅作戦を知らなかったということはあり得ません。知ってはいたものの、東学農民軍が、インド大農民戦争（いわゆるセポイの反乱）や中国の太平天国農民戦争と同様の真の強力なナショナリズムの運動、民族自立運動だったために、欧米は、いずれは、自分たちも衝突しなければならない勢力として、日本の殲滅作戦を黙認し、あるいは支持したのだと思います。日清戦争で、日本が同じ東アジアの朝鮮のナショナリズム運動を壊滅させたことの意味は、これまであまり問われていません。

南小四郎大隊長は、かつて長州藩の陪臣、下級武士で、長州藩の尊王攘夷運動である禁門の変に参加し、また長州藩の一八六四年の藩内内戦では、井上聞多（後の井上馨）が総督に就いていた鴻城軍に入隊したことは、先に紹介しました。井上聞多や南小四郎たちが活動した尊王攘夷運動と、東学農民戦争の反侵略、斥倭洋運動とは、ナショナリズム運動という側面で見る場合にも、大きく性格が違っていることに、注意しなくてはならないと思います。井上馨や南小四郎、また伊藤博文らは、自分たちが政権を取ると、欧米で歩兵戦争に革命をもたらしたライフル銃と国民徴兵制をいち早く導入して、欧米式の近代軍隊を作り上げてきたのでした。日本の尊王攘夷運動は、あっという間に、欧化の先鋒に転じました。

長州藩の反外勢の戦いは、下関外国艦隊砲撃事件や四国連合艦隊砲撃事件でした。しかし欧米列強連合艦隊と戦ったのは、わずか三日間でした。反植民地戦争は、世界史において、劣勢な戦力でゲリラ戦を駆使しながら、多くは何年にも及ぶ長期戦を戦い抜きました。東学農民戦争での東学農民軍も、地の利、人の利をえて、長期戦を戦ったのです。

高知県で見いだされた後備第十聯隊第一大隊の兵士の従軍日誌に記されていますが、日清戦争の翌年春には、忠清道東学農民軍が、はじめに一斉蜂起した鳥嶺の北側、安保、忠州、可興で、再び蜂起しました。韓国の研究者・朴孟洙さんは、これは実際は東学農民軍の再蜂起だったと述べています。東学農民の抵抗の意志はそれほどに強かったのです。

日清戦争で、日本は中国を敗北させ、東アジアでの帝国主義時代の幕を開けるのに一役買いました。あわせて忘れてならないことは、朝鮮の反外勢、反侵略、農民自治の運動を、広く深い民衆的な基盤をもって立ち上がった東学農民軍を、欧米列強の軍隊ではなく、東アジアの隣国である日本の欧化した軍隊が、徹底的に壊滅させたという事実です。一九世紀末から二〇世紀にかけての東アジアの国際関係ができあがる上で、この大本営による東学農民軍三路包囲殲滅作戦は、決定的な役割を果たしたのです。

✣日本の「強兵」路線が残したもの

日清戦争当時、一八九四年一二月、東学農民軍殲滅作戦の真っ最中、香川県の『香川新報』が、殲滅作戦についての論評を四回に分けて掲載していました。『香川新報』は、現在の『四国新聞』の前身です。タイトルは、「朝鮮の改革　東学党利用策」でした。当時、新聞は、厳しい検閲を受けていました。その点も含んで記事を読む必要がありますが、それでも『香川新報』の主張は、明確に述べられていました。

余輩は、反面よりこれを観察するにおいて、東学党中の少くともその領袖《りょうしゅう》たる者共は、或は朝鮮国民中の先覚者なりと云ひ得べしと信ずるなり。

次いで、東学農民軍のなかに良民が多数いると論評します。「東学党中の多くは真個の東学党に非ざるなり」として、良民や罪のない愚民が多数、入っている、と論じています。東学自体についての認識は不正確ですが、東学農民軍に多数の良民が入っているという事実認識自体は評価できるものだと思います。そして、次のように論評します。

悪人の討たるるは、討たるべきの理ありて、しかして後ちに恨みなし、討たるべからざるの愚民、或は討たれ、或は害せらる、安《いず》んぞ、恨みを後世に残さざるを得ん、百人死すれば、千人恨み、千人斃るれば、万人恨む、嗚呼、安んぞ永く我が徳を播《ま》くに便ならんや。

農民軍殲滅戦で、朝鮮の農民が討たれている、その恨みを後世に残さざるを得ない、というのです。「万人恨む」という言葉が印象的です。

東学党、好し平定に帰するといえども、一般良民の帰服しがたきを如何にせん、井上伯たる者、深く鑑《かんが》みざるべからず、識者たる者、深く鑑みざるべからず。

東学農民軍が平定されても、朝鮮のふつうの民衆は、帰服するはずはない。井上馨公使や識者は、深く考えるべきだと批判しています。注目すべき『香川新報』の批判記事だと思います。香川の石井雍大さんが、主筆・坂斎道一の記事と推定されています。坂斎道一は、しばしば発行停止を受けました。

記事は、道理にかなった、あたりまえの主張です。東学農民軍は、良民、一般民衆が参加し、支持されました。殲滅作戦が、朝鮮民衆のなかに、日本に対する深い恨みを残さなかったはずはありません。東学農民軍が一応平定されても、抗日蜂起は義兵闘争になって長く続きました。

『香川新報』の論評は、朝鮮側の立場にも配慮しているから、あたりまえの道理を主張できたのだと思います。日本軍の記録を読むと、大本営が、欧化したライフル銃と徴兵制の日本軍の強さを自負していることがよく分かります。しかし、この強兵こそが、「万人の恨み」を生み出しつづけたのです。

ライフル銃と国民徴兵制で欧化した日本軍と、無数の旗をたて、笛、太鼓をならし、竹槍と火縄銃で、喊声《かんせい》をあげて進む東学農民軍と、冷静に比較してみる必要があると思います。欧化した日本軍は、「万人の恨み」を残しました。東学農民軍は、弱兵でしたが、地の利、人の利を得ていました。民乱時代から持っていた無用の流血を禁ずる規律をもっていたことも知られています。日本軍の死傷者が、異常に少ないことも、その意味を検討する必要があると思います。

私は、賛成できないのですが、弱肉強食の一九世紀後半に、富国強兵や軍隊の欧化は、問題なく必要だったという明治維新論があります。しかし考えるべきことは、東学農民軍殲滅戦の厖大な死者は、日本の強兵のこれまで触れられることのなかった暗部なのだという事実です。韓国民主化世代の研究者たちは、朝鮮民族の厖大な死者は、いまも天空を彷徨《さまよ》っていると話しました。「万人の恨み」がどれほど深く朝鮮民族の心に穿《うが》たれているか。一方、この殲滅戦に徴兵された日本兵も、記録を改竄《かいざん》された死者、すさまじい従軍日誌を残した兵士、帰国を前に自害した将校など、深い想いを残して天空を彷徨っていると思わざるをえません。ライフル銃と徴兵制の欧化が強かったのは、歴史を大きく見れば、一瞬にすぎた悪夢のようなものだったと、私は思います。

Ⅳ

東学農民戦争の歴史をあるく

中塚 明

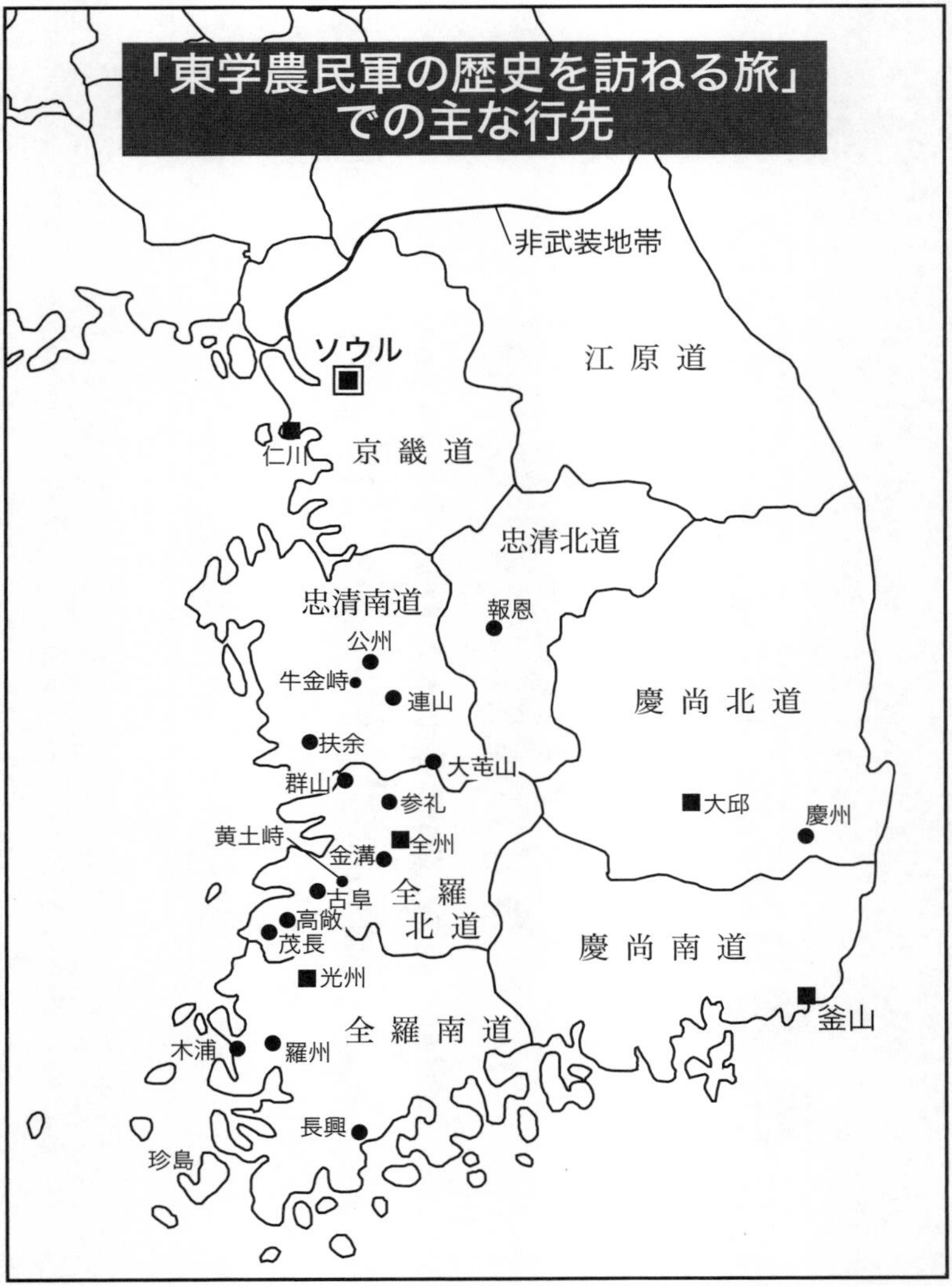
「東学農民軍の歴史を訪ねる旅」での主な行先
非武装地帯
ソウル
江原道
仁川
京畿道
忠清北道
忠清南道
報恩
公州
牛金峙
連山
慶尚北道
扶余
大芚山
群山
参礼
大邱
慶州
黄土峙
全州
金溝
古阜
全羅北道
高敞
茂長
慶尚南道
光州
釜山
全羅南道
木浦
羅州
長興
珍島

✣歴史の現場に立つ

これから述べるのは、東学農民軍の歴史を現地を訪ねながら考えてゆく紙上の旅です。もちろん東学の歴史、東学農民軍の戦いの跡をすべて、というわけではありません。私たちが例年おこなっている「東学農民軍の歴史を訪ねる旅」の旅程にはいっている戦跡に限られることをあらかじめおことわりしておきます。また、ここでの叙述は、必ずしもツアーで行く道順のとおりではなく、実際に起こった東学農民戦争の時間的な順序にしたがっています。その方が、読者が理解しやすいと考えたからです。

旅に当たっては、つねに次の二つのことを考えながら歩いていきたいと思います。

第一は、東学農民が、一八九四年に決起した全羅道（現在の全羅北道・全羅南道。当時朝鮮は八道制で、全羅道が北・南にわかれるなど、朝鮮が一三道制になるのは二年後の一八九六年のことです）とはどんな地域なのか、現地を見て考えること。

第二は、現地を訪ねると、東学農民の苦闘を記念するさまざまな碑や彫刻、また記念塔や記念館などを見ることになります。それを見て、当時の農民の様子を考えてみるのは当然のことですが、それとともに、記念の像や塔、建物をつくっている現在の韓国の人たちの「今の思い」を感じとることです。そのことも貴重な体験です。

なお、この東学農民軍の歴史を訪ねる旅は、本書第Ⅴ章の執筆者である朴孟洙《パクメンス》さん（東学史の研究者。現在、全羅北道益山市にある総合大学、円光大学校・教学大学・円仏教学科の教授です）に案内をお願いしています。本章の記述では、朴孟洙さんの話では……とことわっているところもありますが、かならずしも全部いちいち明示してはいません。しかし、全体の記述で案内の朴孟洙さんの解説に大いに助けられていることは言うまでもありません。

❖ビビンパの一番おいしい街と世界遺産の支石墓

さて出発です。まず、ビビンパの話から。

ビビンパは韓国の混ぜご飯ですが、このビビンパの一番おいしいところが、全州だと言われています。どうしてか？

ビビンパには、もやしなどの野菜、わらびなどの山菜、それに肉・卵などが入っています。それがおいしいというのは、このあたりが韓国最大の穀倉地帯（韓国南西部、黄海沿岸の東西五〇キロ・南北八〇キロに達する朝鮮半島最大の平野＝湖南平野。湖南は全羅道の別の呼び方）であり、加えて丘陵性の山地をかかえ、干満の差が大きい複雑な沈降海岸と多島海に面したところ、つまり山・里・海の産物にめぐまれた豊かな土地柄だから食べるものもおいしい、というわけです。

この地方が昔から豊かな土地だったことは、この全羅南・北道の地域は、世界でもっとも支石墓が密集した地域だということからもうかがえます。

東学農民軍が本格的な「革命」をめざして決起した茂長は、現在、高敞《コチャン》郡にありますが、この

高敞支石墓群と支石墓（『高敞郡観光資料』より）

高敞、それから全羅南道の和順《ファスン》には、ユネスコの世界文化遺産に登録された支石墓群があります。

支石墓は一般にはドルメンといいますが、韓国ではコインドルと呼ばれます。紀元前一〇〇〇年から紀元前一〇〇年にかけてつくられた巨大な石で造られた墓のことです。二つの長い石柱にテーブル状に石を乗せた「テーブル型」（北方式）、短い石柱に石を乗せ碁盤状に石を組んだ「碁盤型」（南方式）、両者の中間モデルの地上石槨《せっかく》型の三種類があります。

ヨーロッパではイギリスやフランス、アジアでは南インド・東南アジア、中国沿海部などにもあります。日本でも朝鮮半島の影響を受けて九州の北西部に小ぶりの支石墓があります。

朝鮮半島は世界でもっとも支石墓の数が多く、なかでも高敞では約二〇〇〇基、和順では五六〇基あまり、支石墓の集中地域なのです。

新石器の時代から、この朝鮮半島西南の地域が、

日本統治時代の1926年、群山築港拡張工事祝賀記念の米叺（かます）を積み上げた日本人街の記念塔（群山港内旧税関庁舎内の展示写真）

豊かな土地であり、それだけに巨大な石の墓をつくれるほどの地方の有力者がたくさんいたことが思い浮かべられます。豊かな穀倉地帯は大昔からそうであったことを、この支石墓群は伝えているようです。

しかし一方、豊かな穀倉地帯は、また朝鮮王朝末期には地方の悪徳な役人、それに重なって開港以後には日本商人、植民地時代には日本の巨大地主たちにとって、とても「おいしい」土地でした。農民たちは彼らのはげしい収奪、米の取り立てにさらされたのです。

東学農民戦争の背景には、豊かな土地で米を生産する農民の姿がありましたが、彼らはかならずしも貧しい農民ばかりではなく、生産と流通から独自の利益を得ようとしていたかなりの規模で農業を経営する農民もいたと考えられています。しかし、彼らの利益も地方の悪徳役人や日本の米商人に巻き上げられたのです。

全羅北道の群山《クンサン》は、日本の植民地時代、朝鮮から日本への米の最大の積出港でした。当時の日本への米の積出しのすさまじさを象徴する写真を紹介しておきます。

❖「沙鉢通文」を刻む「東学革命謀議塔」

さて、こうした状況を背景に、東学農民の最初の武装蜂起は一八九四年一月、全羅道の古阜《コブ》郡で起こりました。

いま、その古阜の地に「東学革命謀議塔」が立っています。現在の井邑《チョンウプ》市古阜面新中里舟山（当時の古阜郡西部面竹山里)、村の入り口の低い丘の上から村全体を見下ろす位置にあります。

この塔は「沙鉢通文《サバルトンムン》」を刻んだ塔として、東学農民革命の戦跡のなかでよく知られています。

「沙鉢通文」を刻んだ東学革命謀議塔

一九六九年四月に、この塔に刻まれている署名者の子孫など、地元の人が中心になって建てられました。東学農民革命を記念する民間で建てられた最初の記念塔です。

「沙鉢通文」とは、多くの人が一致団結して行動する決意をあらわすために円形に署名する形式で、謀議の発起人が誰かを隠す効果もありました。日本でも傘（からかさ）連判状ともよばれて南北朝時代以後の武士の起請文（誓いを書き記した文書）や契《ちぎ》り状（約束事を書いた書状）、

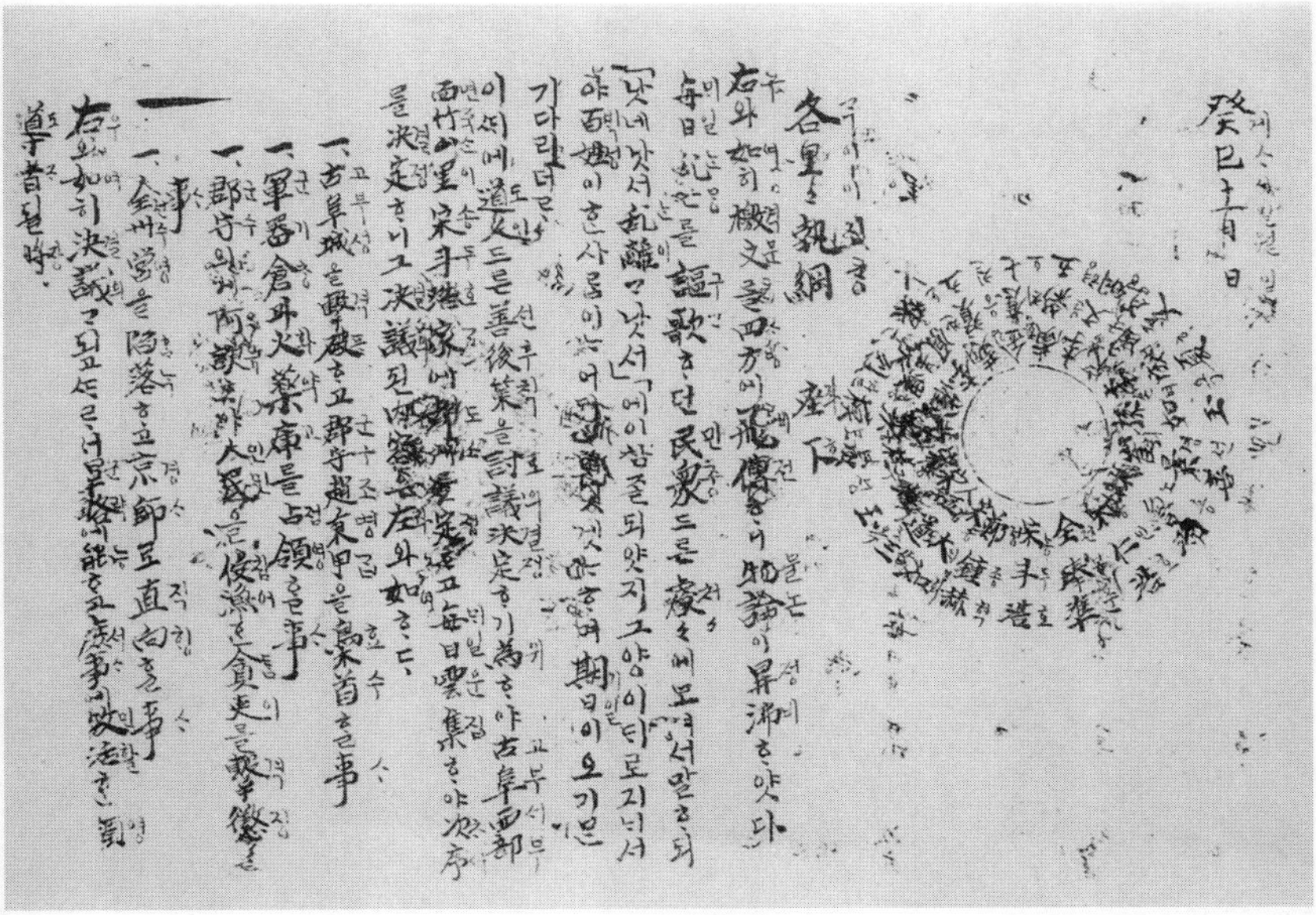

沙鉢通文（東学農民革命記念館『所蔵遺物』2012年より）

江戸時代の百姓の訴えの文書などに見られます。

韓国では鉢を伏せてその回りに放射状に署名をしたので「沙鉢通文」と言われています。

もともとは文書の形式をいう普通名詞ですが、東学農民革命の歴史で「沙鉢通文」といえば、この「古阜の謀議」を書いた文書を指します。

「沙鉢通文」で注目されるのは、二〇人の署名者と四つの決議です。

塔の左面には、次の四つの決議が書かれています。

一、古阜城を撃破し郡守趙秉甲を梟首《きょうしゅ》（さらし首）にすること

一、軍器倉と火薬庫を占領すること

一、郡守にへつらい人民の財物を侵しとった欲張りな役人を懲罰すること

一、全州城を陥落させソウルへまっしぐらに進撃すること

後面には、最高齢、六四歳の宋斗浩《ソンドホ》をはじめ全琫準《チョンボンジュン》など、二〇名の名前が刻まれています。この通文（東学の指導者が四方に発した連絡文書）の発信日は「癸巳《きし》十一月日」です。冒頭に書かれています。癸巳は一八九三年の干支《えと》です。翌年一月のはじめての武装蜂起直前の、農民のせっぱつまった様子をうかがうことができます。

私は毎年のツアーでこの塔の前に立つのですが、去年、二〇一二年の「第七回東学農民軍の歴史を訪ねる旅」で、この塔を見て、あれっ!?と、思いました。というのは、この塔の基壇に浮き彫りされていたムクゲ（槿）の花が消えているのです。以前聞いていた話では、前の市長が自分の選挙にこの塔を利用するためにムクゲの花を彫った一段を付け加えたということでした。毎年、その話を聞いていたのですが、その花がなくなって、なんの飾りもない基壇に変わっていたのです。

「ムクゲの花」は韓国の国花です。朴孟洙さんの解説では、「ムクゲの花」は上から押しつければ、国家主義をあおることになる、基壇からこれを取り外したのは東学農民革命記念財団である——ということでした。

東学農民革命の精神は、狭い国家主義を越え、すべての生命を生かすことをめざしたものだ、という、現在の韓国における東学農民革命の精神を継承しようとする人たちの、一人ひとりの人権を尊重することこそが第一義的に大切なのだ、東学農民革命はそれをめざしていたのだ、という強い意志と歴史認識の新たな進展を感じたことでした。

茂長起包記念碑

❖茂長——東学農民革命発祥の地

第Ⅱ章で書きましたが、古阜の武装蜂起は失敗しました。東学農民へのきびしい取り締まりを避け、全琫準たちが孫化中・金開南たち東学の大接主と意志を通じ、世の中の根本的な変革の旗を揚げたのが茂長です。

古阜から西海岸高速国道をかなり南下すると、禅雲山道立公園の南方、高敞郡茂長面に東学農民革命発祥の地とされる戦跡地があります。大きな炎のようななかで全琫準が倡義文《しょうぎ》（正義を訴える布告文）を読み上げている石像が立ち、その前に倡義文を刻んだ四角い石がおかれている、堂々たる記念の造形物です。

この倡義文は、以前は古阜で発表されたものといわれていましたが、東学農民軍の再調査が全国的に行われた際、この茂長で行われたことが判明しました。

布告文の終り、決起の決意の部分をかかげておきます。

我らは在野の遺民にすぎないが、王土の上に食い、君の衣を着て生きる者である。どうして国家の滅亡を座視するにしのびようか。朝鮮八域心を同じくし、億兆の衆議によりここに義の旗をかかげ、輔国安民をもって死生の誓いとする。……（『実録東学農民革命史』より）

「国をたすけ、民を安んずる」ことを「死ぬことも辞さないでやりとげる」という誓いの言葉です。

民乱から全国レベルの革命へと発展させた茂長蜂起の声が伝わってくるようですね。

ここで、朴孟洙さんの説明にも熱がはいります。

――甲午《こうご》農民戦争という呼び方は、まったく歴史からかけはなれたものだと思う。人間の倫理を最初から最後まで実践した東学思想がまったく見えない呼び方である。三〇〇万人以上が立ち上がり、三〇万人もの犠牲をはらっても戦いつづけた意味が、東学の用語が入っていなければ理解できない。一九世紀末の民衆のたたかい、意識の高まりは、朝鮮史においては東学であり、世界各地と共通する世界観である。

一〇〇年たって、一九九四年に、甲午農民戦争ではなくて東学農民革命と、東学をきちんと入れることができた。いま韓国では定説となっている。

田中正造が「東学党は文明的、一二カ条の軍律たる徳義を守ること厳なり」と書いている（「朝鮮雑記」明治二九年四月、『田中正造全集』第二巻、岩波書店、二八三ページ）ことを知った。一二カ条規律の「命を傷つけぬことが尊い、他人のものを害してはならない、降伏するものは温かく迎える、困っている人は助ける、逃げるものは追わない、病人には薬を与える」――これこそ東学の思想であり、人間の倫理、道徳性をあらわしている。

二〇〇一年三月、日本留学を終えるにあたって、私（朴孟洙）は秩父事件の現場をまわった。小さな村の博物館の壁に行動綱領がかかっていた。一八八四年に蜂起した秩父困民党が「命《いのち》」を大切にしていたことがよくわかった。これなら日本人と連帯できると感銘を受けた。民の意識の高まりは共通していた。

❖黄土峙（ファントゼ）の丘

黄土峙（峙はそびえ立つとか、高い丘を意味する字ですが、ここでは丘）は、東学農民軍の第一次蜂起で、農民軍がはじめて政府軍に勝利した歴史的な土地です。ここは東学農民革命の「聖地」です。また、いまに続く民主化運動の「メッカ」にもなっています。

東学農民革命を伝える記念塔・記念館のある、東学農民軍の歴史を訪ねる旅では、必ず訪れると

甲午東学革命記念塔（『東学農民革命のむかしと今』より）

ころです。

　ここに建てられている記念塔や記念の造形物、記念館はたいへん立派です。その理由は韓国政府がお金を出してつくったからです。

　朴正熙《パクチョンヒ》大統領の時代（一九六三〜七九年）、解放後の韓国で、はじめて「東学の顕彰」が行われるようになりました。（朴正熙大統領の長女、朴槿恵《パククネ》が、二〇一三年、韓国ではじめての女性の大統領になったことは読者もご存知ですね。）

　一九六三年、政府の主導でつくられた「東学革命記念塔建立推進委員会」がその年の一〇月に、この黄土峙に「甲午東学革命記念塔」を建てました。

　東学農民軍の勝利を記念した、韓国における最初の造形物です。東学農民軍の勝利を象徴する代表的な記念塔となりました。

　塔が建つのは海抜三五・五メートル、の黄土峙の尾根です。松の林が生い茂るなか、ときおりあらわれる畑はあでやかな黄土色、そこから黄土峙の名もつけられたと言われています（前掲、『東学農民革命一〇〇年』参照）。東学農民軍が結集した白山《ペクサン》を遠望することもできる見晴らしのよいところです。

《白山》

茂長で蜂起した農民軍が白山に集まって、東学農民革命のいわば行動綱領を決めて発表しました。一二カ条規律もここで決められました。

白山は三六〇度、四方が見渡せる大平野の中の小山なのです。展望がよくひらけているだけでなく米倉が多く食糧を確保できました。各地から東学農民が一万人集まりました。それで「立てば白山（白衣の農民群集）、座れば竹山（竹槍）」といわれました。ここで全琫準が総大将となり、全農民軍を指揮することが決められた歴史的な場所です。

韓国では、日本の植民地支配から解放された後でも、李承晩《イスンマン》大統領時代（一九四八～六〇年）は「東学は乱民」とされたままでした。東学農民の顕彰などはまったく問題になりませんでした。一九六〇年四月、学生・市民の四・一九革命によって、李承晩政権が倒され、暫定政権をへて翌六一年五月、軍事クーデターにより政権をにぎった朴正熙が、六三年、大統領になりました。この朴正熙大統領の時代になって、東学農民革命の旧跡にはじめて政府がお金を出しました。

朴正煕の祖父は慶尚道で東学農民軍のリーダーでした。墓石に記されています。朴正煕は自分が起こした軍事クーデターを「東学農民革命とならぶ革命である」と言い、大統領として「東学農民革命」という言葉をはじめて使いました。そして、東学農民革命のあちこちの旧跡に記念物を建てました。

後で訪れる、東学農民軍の敗北の地となった公州の近く、牛金峙《ウグムチ》（峙はここでは、山がそばだつ意味にとった方がよいかもしれません）にある「東学革命軍慰霊塔」もそうです。

ここ黄土峙の記念塔の左側の石碑の文章を書いたのは金庠基《キムサンギ》です。彼は一九二〇年代後半に早稲田大学に留学し、卒業論文に東学農民革命のことを書いた東学研究の先覚的な学者です。

この石碑の背面に刻まれているのは「青い鳥」の詩です。いまも歌いつがれている民謡で、処刑された全琫準を惜しむ民衆の気持ちが込められています。

この記念塔の東南方の麓の広大な土地は、一九八三年、全斗煥《チョンドファン》大統領時代に「黄土峙戦蹟址」として整備され、諸々《もろもろ》の建物や造形物があります。

全斗煥は朴正煕大統領が暗殺された（一九七九年）後、軍の実権を握り、全国に非常戒厳令をしき、金大中《キムデジュン》ら有力政治家を逮捕、全羅南道光州では、抗議する市民に戒厳軍を投入、市街戦の後に市民の民主化運動を無慈悲にも鎮圧した（光州事件・一九八〇年五月）その中心人物です。その後、翌八一年、新憲法下で大統領になり、苛酷な軍部独裁を続けました。

そんな人物でしたが——あるいはそんな人物であったからこそ、と言った方がよいかもしれませ

全斗煥大統領の時代につくられた「黄土峙戦蹟址」主要建築物全景（『東学農民革命のむかしと今』より）

んが——「民衆の支持者」であるかのように、東学農民記念の造形物を造って政権の維持をはかろうとしました。

全斗煥政権は、この広大な敷地に「記念館」をはじめ韓国様式の数々の建物を建てました。しかし、政権が「歴史を統制」すると考えていた全斗煥の意図と、東学農民革命に決起した農民、そしてその精神をいまに生かそうとする人たちとの心情の間には、大きな隔たりがあったようです。

それは全斗煥大統領の時につくられたこの記念館の造形物にもあらわれています。

二〇〇一年、全州で、東学農民革命記念事業会が主催した東学農民革命国際学術大会、『東学農民革命における二一世紀的意味』が開催されました。私も参加したのですが、そのとき、朴準成《パクジュンソン》さんの「一八九四年農民戦争記念造形物の歴史像」という報告がありました。この報告に私は大きな感銘を受けました。
その朴準成さんの報告を紹介しながら、ここの見学をすすめましょう。

――祠堂の形をした記念館の外の門からはいり、裏の方にもう一つの門があり、その一番後ろの側に全琫準将軍の像が立っている。全琫準将軍の像の髪の形は、メンサント（昔、結婚した男の結い上げ髷《まげ》）である。「押送される全琫準」で知られている写真にもとづいて造ったわけである。……

この全琫準将軍の像は、高い花崗岩で造った台の上に濃いブロンズ色をしてそびえ立っている（次ページ写真・上）。像の後ろ側左右に翼のように像を囲んでいる花崗岩に農民軍が彫りあげられているが、それは全琫準像の台座と同じような高さで、全琫準将軍の足下に押さえられている姿である。これは、自ら農民であって、農村の知識人として農民と苦しみをともにした上で死刑にされ、「緑豆《ノクト》将軍」と慕われた全琫準と農民との関係をあらわす造形とは考えられない。農民軍のどこを見ても……命をかけて戦場に向かう悲壮な姿は見られない。威圧的な指導者に服従する弱い農民のようだ。（次ページ写真・下）

朴準成さんは、像の制作者である金景承《キムギョンスン》にも言及しました。金景承は韓国で銅像制作の最高の権威者とされていました。その経歴に劣らず、彼のつくった銅像の主人公たち、世宗像、李舜臣像、

全琫準像とそれを囲む農民軍群像

農民軍群像の一部

安重根像など、すべて立派な人たちでした。

ところが、「黄土峙戦蹟址」での造形が、どうしてこのようなものになったのかと、朴準成さんは問います。そしてこう言っています。

――金景承には、きびしいわが国の近現代史の展開過程で、時代の矛盾と課題を解決しようとする生き方と思想がない。たたかう人たちを理解することもなく、彼らとの交流もなかった。一八九四年に命をかけてはげしく戦った農民軍の闘争意志、農民戦争の意味、全琫準将軍の精神を正しく理解して形象化できる実践や経験がなかった。それゆえ、像は威圧的だが、「一八九四年」そのものは消えている。

黄土峙の戦跡地には、もう一つ、金大中大統領の時代に企画されて建設、二〇〇四年に開館した「東学農民革命記念館」があります。韓国の民主化闘争の歴史的な成果で、東学農民革命についての総合的な資料館となっています。この記念館には、最後に、あらためて訪れることにしましょう。

❖「無名東学農民軍慰霊塔」の衝撃

次に、どうしても見ておきたいのが、黄土峙戦跡地の西南方、古阜にある「無名東学農民軍慰霊塔」です。

無名東学農民軍慰霊塔

前に見た「沙鉢通文」の近く、井邑市古阜面シンジュン里ジュサン部落の「緑豆《ノクト》会館」の前に建てられています（緑豆は小柄だった全琫準の愛称です）。

歴史にその名前をとどめることがなかった農民の魂を弔うために、井邑東学農民革命の継承事業会が、蜂起一〇〇周年を記念して、一九九四年九月に建てた慰霊塔です。

この旅の案内者である朴孟洙さんが、この塔の前で話してくれました。

――東学農民革命には当時の朝鮮の総人口（約一〇五〇万人との記録が残っています）の三分の一から四分の一の農民が立ち上がっています。そして犠牲者が三〇万人以上出たことが明らかになっています。最近の研究では、日本の鎮圧部隊である後備歩兵独立第一九大隊によって殺された農民は少なくとも三万人です。二〇〇四年に「東学農民革命軍の名誉回復に関する特別法」ができて、一〇〇年後の現在まで残っていた資料を全部調査しました。東学農民軍のなかで名前を確認できた人はわずかに二六〇〇人でした。

深い衝撃を受けました。革命軍に参加した九九%の農民が、いつ、どこで亡くなったのか、名前も場所もわからないのです。

その意味で、この慰霊塔は本当に大事なものです。

ここには見上げるような塔はありません。真ん中の主塔には「無名東学農民軍慰霊塔」と刻まれた台のうえに、四角い花崗岩の板に倒れている仲間を抱きしめ竹槍をもって叫ぶ農民の姿を浅く彫りつけています。

先に紹介した朴準成さんの報告によれば、この彫りつけの方法は、一九八〇年代に頻繁に見られた民衆版画の様式に従ったもので、一九八七年六月、民主化闘争が本格化する直前の同月九日、催涙弾に当たって血を流しながら倒れた李韓烈《イハニョル》という学生を起こして抱きあげた仲間が、全斗煥政権に対して怒りの目でにらみつけている写真をもとにしているということです。

その主塔を囲むように一〜二メートルの補助塔に彫られているのは、無名の農民の顔、顔、顔……、武器として使われた竹槍や農具、そして大事なご飯を盛った茶碗など。無名農民の顔は、カッと目を見開いたものもあれば、顔を潰されたようなものもあります。

無名東学農民軍慰霊塔〈主塔〉

無名東学農民軍慰霊塔〈補助塔〉

まさに東学農民革命をたたかった何万という農民の生と死を表現しているようです。

朴準成さんは「塔の間に空間を置き、近づいて見てみたり、抱いてみたり、触ってみられるようにされている。遠い歴史ではなく、近い歴史を感じるようにした気配りである」と、この「無名東学農民軍慰霊塔」の造形を高く評価しています。

と同時に、「補助塔のどの柱にも、農民戦争に参加した女性と子供たちの姿がない。すべて男のものばかりであった。男性中心、大人中心の視覚にとどまっている。農民軍の武器の中でチャンドル（小さい石）も抜けている」と指摘しました。

また、この「無名東学農民軍慰霊塔」建設を記念した別の碑文についても、つぎのように批判しました。

――「九月の蜂起は、日本軍の宮城（注・王宮のこと）侵入で国の運命が危うくなったとき、日本軍を破るための民族的な大事件であった。そして民族の自衛のための民衆の抗争であった。甲午先烈たちは彼らの義の意志を遂げられず、恨（ハン）を抱いたまま、匪徒の汚名を被って、津々浦々の戦場で日本軍の銃弾に惨めに倒れていった」という碑文の内容は、反侵略の性格と日本軍による犠牲だけを強調している。九月蜂起以後の第二次農民戦争も、反封建的な性格もあり、農民軍を弾圧して虐殺する勢力には、日本軍だけではなく政府軍と各地の保守民保軍も含まれている。（この碑文の説明は）朝鮮社会の内部の葛藤と対立を避けている。

私は二〇〇一年五月三一日、朴孟洙さんに連れられて、はじめてこの「無名東学農民軍慰霊塔」を見ました。北海道大学での「東学党首魁のドクロ」の話はすでに知っていましたから、補助塔の無名の農民の顔、顔、顔……に「梟首《きょうしゅ》」された東学農民の無念を想い、戦慄したのを覚えています。

そして、翌日からはじまった学術研究大会「東学農民革命の二一世紀的意味」で、この朴準成さんの報告を聞いて、東学農民革命の精神を継承しようとしている韓国のいまの知識人の歴史認識の新鮮さに、またビックリし、大いに教えられました。

❖参礼の東学農民記念公園

二〇〇六年から毎年のツアーとなった「東学農民軍の歴史を訪ねる旅」（富士国際旅行社）では、たいていバスでの移動になります。

ソウルから出発して最後の日は、全州を出て参礼《サムレ》、そして大芚山《テドンサン》、牛金峙をまわるのですが、そのバスの中で、朴孟洙さんによる案内があります。

全羅北道を北上する車窓からの農村の風景を頭に描きながら、しばらく朴孟洙さんの話を聞くことにしましょう。

――このあたりは豊かな平地で、植民地時代には日本人経営の農場が三〇以上ありました。

少しお金をかけて開拓させればとてもよい農場になりました。日本の細川護熙《もりひろ》元総理の祖父が経営する農場もこの近くにありました。

このあたりの米の収穫高は昔も今も韓国で最大です。植民地時代に来た良心的な日本人技術者、高橋昇が、ここの農業が日本とは異なる高い技術で行われていることに気がつき、朝鮮全土を歩いて優れた農業技術を調査しました。このことは、この旅行に二〇〇九年に参加された河田宏さんの著書、『朝鮮全土を歩いた日本人――農学者・高橋昇の生涯』（日本評論社、二〇〇七年）に詳しく書かれています。

一九世紀から二〇世紀にかけて、朝鮮ほど高い文化・伝統を持つ国で植民地にされた国はありません。朝鮮を植民地にしていく日本の政策には、実に多くの問題点がありました。それゆえ朝鮮人ははげしく抵抗しました。

これからの研究課題としては、当時の朝鮮の状況・日本の状況を正しく見た日本人のことも掘り起こしたい。たとえば、浅川巧、布施辰治、田内千鶴子など。田内千鶴子は木浦《モッポ》で孤児を一〇〇〇人以上も育てました。今年（二〇一二年）、生誕一〇〇年を木浦で祝いました。

日本とも深くかかわる話を聞いているうちに、バスは参礼の「東学農民革命記念広場」に着きました。

参礼は交通の要衝であって、東学農民革命史上、二つの重要な意味を持っています。一つは、

東学農民革命参礼蜂起記念碑

一八九二年旧暦一一月（陽暦一二月）、東学の公認をもとめた示威の集会が行われたところ、二つには一八九四年、東学農民革命の第二次蜂起のとき、ここに全琫準が指揮する東学農民軍が集まり、食糧などを確保してソウルに向かって出発した場所です。

東学農民革命にとっては、こんなに重要な土地ですから、すでに一九九六年、東学農民革命記念事業会が、全州から北に向かう道沿い（参礼邑参礼里）に「東学農民革命参礼蜂起記念碑」を建てています。

次いで参礼の歴史的意味にふさわしい「歴史公園の造成」を推進してきました。

この歴史公園のモニュメントは、古阜の「無名東学農民軍慰霊塔」と同様、目線を低くして造ってあります。二〇〇四年、民間の専門家が、それまでの記念の造形物の不十分なところを補って造りました。公園の一番奥にある農民群像には女性像もあります。費用は行政が出したのですが、しかし行政だけに任せておくと、このようなモニュメントはできなかったと朴孟洙さんは言います。いまこの広場は大人も子どもも自由に集まって活動できる公園、そして体育館、ひろい運動場もあり、ただの歴史公園ではなく、日常に市民がさまざまに活用できる施設と一体になっています。東学農民革命をただ歴史の話にとどめるのではなく、市民の日常と結びついて生きている、そんな記念公園なのです。

古阜の「無名東学農民軍慰霊塔」に女性や子どもの像がないという批判は、先に紹介したように二〇〇一年の学会で指摘されたのですが、三年後の〇四年にできたこの参礼の東学農民記念公園では、その批判が造形に生かされました。

東学農民軍の歴史を訪ねる旅では、こうしたいまの韓国の人たちの歴史認識の創造的な革新に触れることができます。そしてそれはただの思いつきではなく、歴史上の遺産の見直しとの往復作業のたまものなのです。

公園での朴孟洙さんの話を聞きましょう。

――東学以前にも男女（いま韓国では両性といっています）平等思想をもつ思想家はいました。例えば有名な実学者、丁若鏞《チョンヤクチョン》は長く流刑された土地、康津で『経世遺表』書き、不平等社会を批判しました。これは書き写されて両班や知識人に読まれました。二〇一一年、私（朴孟洙）

参礼歴史公園〈鍬を持つ腕〉

参礼歴史公園〈農民群像〉

は康津へフィールドワークに行き、これを読んだと書かれている日記を見つけました。

平等思想を社会的に、また生活面で実践したのは東学のリーダーたちでした。東学は、前近代の思想を乗りこえた近代思想として高く評価されます。

――参礼の歴史公園の記念塔にも「斥倭洋」の文字が彫られています。斥は排斥の斥、倭は日本、洋は欧米を指します。しかし、これをたんなる「排外主義」ととらえるのは違うと思います。全琫準の最終審問記録を読むと、日本の領事から「なぜ日本に反対したのか」と問われて、彼はつぎのように答えています。「あなた方、日本は、国際法に定められた手続きをとらずに不法にわが王宮を占領し、国王をとりこにした。それでわれわれはこの国難をただすために蜂起した。他の外国は国際法をまもっている」。

四〇歳の全琫準は学歴も高くない知識人でしたが、当時の国際法を自分なりに理解していました。国際法を守らないからただすというのは、排外主義ではありません。自分の国は自分で守るという意味ですね。

しかし、日本は排外主義だと決めつけて出兵し、東学農民たちを虐殺しました。

❖公州を目前にした大激戦地・牛金峙（ウグムチ）

「東学農民軍の歴史を訪ねる旅」の最後の見学地になるのは、扶余《プヨ》から北上し公州市街を目前にする牛金峙です。

この牛金峙では、東学農民軍が、一八九四年一〇月二三日（陽暦一一月二〇日）から一二五日まで、一一月八日（一二月四日）から一一日まで、二回にわたり、公州に進撃するため、日本軍・朝鮮政府軍と戦い、多くの生命を失いました。

日本軍と朝鮮王朝の軍隊は、牛金峙をソウルを守る最前線として、ここで東学農民軍を待ち受けていました。東学農民軍は、王宮を占領し、自国の主権を奪った日本軍を斥《しりぞ》けるために、ふたたび蜂起、参礼を出発して北上したのですが、ここで行く手をはばまれ、東学農民戦争最大の激戦となったのでした。

戦闘の結果、万余の東学農民軍は二千人になり、最後は五百余名になりました。

牛金峙は文字通り東学農民軍の血で染まった戦跡地です。

ここに、朴正熙大統領の時期、一九七三年一一月一一日に、東学革命軍慰霊塔建立準備委員会により「東学革命軍慰霊塔」が建てられました。

花崗岩の二重の基壇があり、垂直の塔が建っています。

上の基壇の正面に碑建立の趣旨を書いた碑文があります。

その碑文の文中、「五・一六革命」、「一〇月維新」、「朴正熙」などの文字が、読めないぐらいに薄れています（次々ページ写真）。

どうしてでしょうか？

この慰霊塔は、朴正煕大統領の専制独裁がいっそうはなはだしくなったときに建てられました。

「五・一六革命」とは、朴正煕陸軍少将ら韓国陸軍の一部将校たちが、一九六一年五月一六日に起こした「軍事クーデター」のことです。以後、一九七九年に朴正煕大統領が暗殺されるまで、一八年間の軍事独裁政権の起点になった事件を指しています。

「一〇月維新」とは何でしょうか。一九七二年一〇月一七日、朴正煕政権が非常戒厳令を布告し、国会を解散し、政治活動中止などを断行、二七日、「維新憲法」を布告、これを国民投票で通過させ、国民の直接選挙で選ぶ大統領選挙を統一主体国民会議の代議員による間接選挙に変え、その上、緊急措置発令権・国会解散権を大統領にあたえるなど、大統領に権力を集中させました。一九七九年に朴正煕が暗殺されるまでのこの体制を「維新体制」といいました。

牛金峙の東学革命軍慰霊塔（公州市『公州観光案内』より）

朴正煕政権の時代をどう見るか。韓国の現代史のなかで、人びとの人権・

一部の文字が読めなくされた東学革命軍慰霊塔建立碑文

民主主義にとって「もっとも暗い時代」という見方と、後進の貧しい国家を短期間に近代的国家に変貌させた「成功した近代化のモデルの時代だ」とする見方があります。あるいはこの二つは対立しているようでも同じ時代の盾の両面だ、という見方もあります。

いずれにせよ、この牛金峙の「東学革命軍慰霊塔」は、朴正熙の独裁政権をあたかも東学農民の精神を引き継いだ政権であるかのように「正当化」する、その役割も果たしたことは間違いないようです。

一九六三年に建てられた黄土峙の記念塔も朴正熙政権の時代のものですが、政権を握った直後と、それから一〇年の歳月をへて、韓国の人たちの民主的なたたかいのなかで朴正熙批判が高まり、それだけによけい暴圧的になった政権の違いでしょうか、自らの政権の強権的支配を正当化するのに、東学農民革命を全面的に利用した、その下心が、この「東学革命軍慰霊塔」にはどうしてもすけて見えるようです。

「五・一六革命」、「一〇月維新」、「朴正熙」などの文字が、石でたたかれて読めなくなっているのは、民主化を求めてきた市民たちが石で書いた歴史の跡です。

東学農民軍は峠を越えることができなかったのですが、慰霊塔は、峠を越えたところに建っています。

今は峠の下をトンネルでつらぬいて自動車道路が走っています。はじめ公州市は、峠を削って道路を新設しようとしたそうですが、「この牛金峙がどんなところか、知っているのか、峠を削るのは絶対反対だ」という東学農民革命の精神を今に伝えようとしている市民の強力な運動によって、峠は残されました。

✣なおつづいた抗戦――連山

一八九四年一二月九日に、東学農民軍皆殺しの任務を帯びていた日本陸軍の後備独立歩兵第一九大隊の本部中隊（第三中隊）が牛金峙の南方、連山に到着しました。その部隊が駐屯した連山の役所の門が現存しています。

二〇一二年のツアーでは、ちょうど地元の「ナツメ祭り」の当日で賑わっていて、バスが近づけませんでした。

ところで、従来は牛金峙の戦い以後、東学農民軍は四散して、抗日の戦いもそこまでと考えられ

日本軍が駐屯した連山県の役所の門

ていましたが、その後でも日本軍と東学農民軍の激戦があったことが近年の研究でだんだんわかってきました。第Ⅲ章で読まれた通りです。

後備歩兵独立第一九大隊のなかで、唯一の戦死者を出したのがこの連山の戦いでした。黄山城にいた東学農民軍が出てきて日本軍と激戦になり、杉野虎吉という日本軍の兵士が一人戦死しました。

靖国神社は『靖国神社忠魂史』（一九三五年刊）という本を出しています。それには杉野虎吉は「成歓の戦闘」での戦死者一覧の最後から二番目に「五師後歩独一九大三中　明二七、七、二九　成歓　上兵杉野虎吉　徳島」と書かれています。

「第五師団後備歩兵独立第一九大隊第三中隊　上等兵　杉野虎吉」という徳島県出身の兵士は、「明治二七年七月二九日、成歓の戦いで死んだ」ことになっているのです。成歓の戦いというのは、日清戦争で清国軍との陸上での最初の戦闘です。「七月

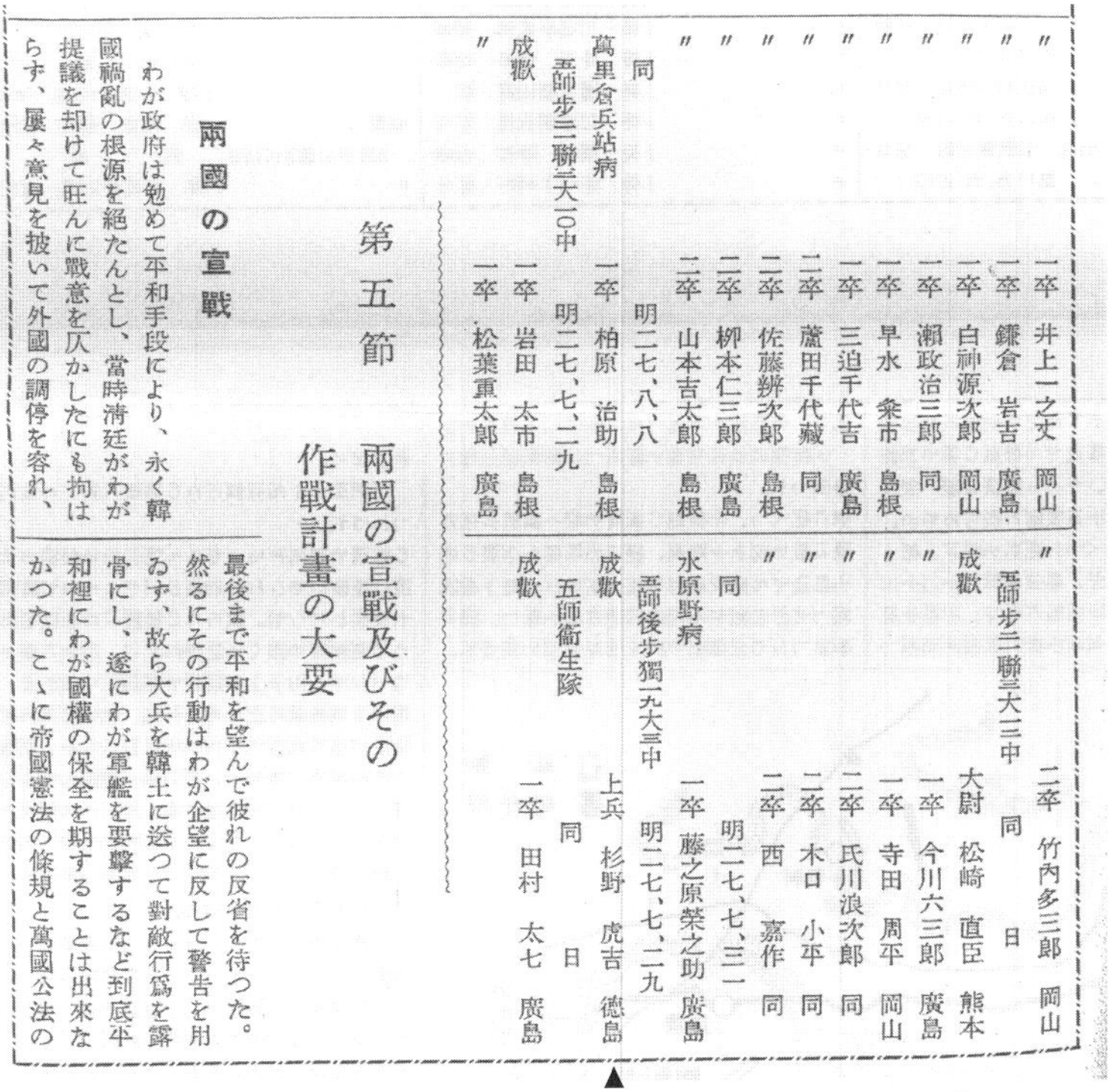

〃 一卒 井上一之丈 岡山
〃 一卒 鎌倉 岩吉 廣島
〃 一卒 白神源次郎 岡山
〃 一卒 瀬政治三郎 同
〃 一卒 早水 粂市 島根
〃 一卒 三迫千代吉 廣島
〃 二卒 蘆田千代藏 同
〃 二卒 佐藤辨次郎 島根
〃 二卒 柳本仁三郎 廣島
〃 二卒 山本吉太郎 島根
同 明二七、八、八
萬里倉兵站病 一卒 柏原 治助 島根
五師歩三聯三大一〇中 明二七、七、二九
成歡 一卒 岩田 太市 島根
〃 一卒 松葉重太郎 廣島

〃 二卒 竹内多三郎 岡山
五師歩三聯三大三中 同 日
成歡 大尉 松崎 直臣 熊本
〃 一卒 今川六三郎 廣島
〃 一卒 寺田 周平 岡山
〃 二卒 氏川浪次郎 同
〃 二卒 木口 小平 同
〃 二卒 西 嘉作 同
同 明二七、七、三一
水原野病 一卒 藤之原榮之助 廣島
五師後歩獨一九大三中 明二七、七、二九
成歡 上兵 杉野 虎吉 德島
五師衛生隊 同 日
成歡 一卒 田村 太七 廣島

第五節 兩國の宣戰及びその作戰計畫の大要

兩國の宣戰

わが政府は勉めて平和手段により、永く韓國禍亂の根源を絶たんとし、當時淸廷がわが提議を却けて旺んに戰意を仄かしたにも拘はらず、屢々意見を披いて外國の調停を容れ、最後まで平和を望んで彼れの反省を待つた。然るにその行動はわが企望に反して警告を用ゐず、故ら大兵を韓土に送つて對敵行爲を露骨にし、遂にわが軍艦を要撃するなど到底平和裡にわが國權の保全を期することは出來なかつた。こゝに帝國憲法の條規と萬國公法の

六五五

日付や戦場がすり替えられて杉野上等兵の「戦死」が伝えられている『靖国神社忠魂史』（第一巻）

二九日」と言えば、杉野虎吉らは、後備兵の召集令状を受け取り、徳島から集結地の松山に向かっている時です。

こういうデタラメな書き換えをしているのです。

靖国神社とか、日本政府、日本軍の公式記録には、朝鮮の民衆の主体的な動き、記述・評価がほとんどなく、朝鮮人の主体的な動きがあっても無視しています。日本軍と東学農民軍との戦いで、日本軍が出した戦死者はわずかに一人ですが、戦死者を出したこと自体に重い意味があります。それは日本軍と東学農民軍との間に戦いがあった事実を示すことにほかなら

報恩張内里の全景

ないからです。

それを東学農民軍との戦いではなく、清国軍との成歓の戦いで亡くなったと記録し、その日付まで一二月一〇日の戦死を「七月二九日」に書き換えているのです。ひどい「記録」です。

東学農民革命のフィールドワークは、日本近代史を読み直し、正しくとらえる大事な試みの一つだといえます。

❖「報恩　東学の道」

報恩（忠清北道）は、古来、東西南北の道路が交差する戦略的な要地で、東学農民の活動の拠点でもありました。一八九三年、「教祖伸冤《しんえん》」「斥倭洋」の大規模な集会がおこなわれたのも、この報恩の張内里（チャンネリ・東学の本部である都所があった）でした。（第Ⅱ章、四一ページ参照）。

東学農民軍のなかでも報恩とその周辺の地域に

は教主崔時亨の直接的な影響下にあった有力な勢力がいました（北接農民軍）。牛金峙の戦いにも当然参加していました。

しかし、敗北して、この北接農民軍は、日本軍と朝鮮王朝政府軍と交戦しながらずっと南の方まで後退、そして全羅道の東部を迂回して北上し、追われながら戦いつつの長い道のりを出発地である報恩に帰って来ます。

忠北大学校の先生で東学の歴史を研究している申榮祐《シンヨンウ》さんは、二〇一二年の夏、松山で開かれた「東北アジアの平和フォーラム」で、「一八九四年の日本の鉄路実測隊護衛兵と東学農民軍鎮圧」という報告をされました。

その報告によりますと、東学農民軍が報恩に帰って来たとき、この報恩の近くにも日本軍がいたのです。それは、東学農民軍を鎮圧するために派遣されてきた後備歩兵独立第一九大隊のなかの一小隊で、日本の「軍用鉄道敷設のための実測調査隊」を護衛する任務を帯びていた日本軍でした。

北接農民軍が北上して帰ってくるとの情報をつかんだ小隊長の桑原栄次郎少尉は、慶尚道の日本軍の補給基地である兵站部からも助けを得て、東学農民軍を待ちかまえていました。

そして一八九五年一月一七日、報恩の鍾谷《ブクシル》で、長距離の行軍で疲れ果てていた東学農民軍を夜襲しました。申さんの報告によれば、「鍾谷で犠牲になった北接農民軍は、夜間戦闘で死亡した三九五人と、首を切られた一〇人余り、そして谷間に倒れた数百人である。少なくとも四〇〇人余り、これに加えて「数百人」が犠牲になった」と。

「ソッテ」の前で（左から朴達瀚、中塚明、林芝娟、金聖淳、朴孟洙）

申さんの報告は「北接農民軍の主力は、数多くの戦闘に参加している歴戦の勢力であり、東学教主の崔時亨が率いていたが、鍾谷で敗戦した後は、一部を除いて解散することになる」と結ばれています。

報恩では、いま東学農民軍の歴史を現在に生かす活動が生き生きと行われています。朴達瀚《パクタラン》さんはユネスコの無形文化遺産にも登録されている韓国の武芸、テッキョンをはじめ、多芸多才の人です。彼は地元の人たちと力を合わせ、「報恩東学の道」を調べ、それを彫りつけた記念板を建て、鍾谷で涙を呑んだ無名の東学農民軍を記念して「ソッテ」（てっぺんに鳥の造形をつけた細い柱。金属で造ったものもある）を作り、訪ねる私たち「東学農民軍の歴史を訪ねる旅」の一行をいつもあたたかく迎えてくれます。

❖長興――二つの記念碑

長興の東学農民革命記念塔

韓国の西南部の全羅南道、その最も南の海に近いところに長興《チャンフン》という街があります。ここにも東学農民軍の歴史があります。

長興は木浦から東方、南海岸を東西に通じる街道筋にあります。この長興には朝鮮王朝時代、軍隊直轄の駅站《えきたん》（宿駅、駅馬を乗り換える所）、碧沙駅がありました。

東学農民軍の最初の武装蜂起であった古阜の蜂起が起こったとき、その収拾を命じられ按覈使《あんかくし》となったのがこの長興府使の李容泰でした。彼はこの碧沙駅の兵士をひきいて古阜に行き、東学農民を無残に鎮圧したのでした（四三ページ参照）。

一八九四年の年末には、はじめからこの地方にいた東学農民と北の方から追いつめられて南下してきた農民軍をあわせて最小一万、最大三万ほどの東学農民軍がいたと推算されています。

このとき東学農民にとってはうらみの的であっ

長興石台戦跡地史蹟指定記念学術大会（2009 年 10 月 22 日）

た李容泰のいたこの碧沙駅が、東学農民軍に攻撃されました。宿場を守っていた兵士たちが殺され、建物は焼き払われました。

そのとき犠牲になった人たちの名前を刻んだ碑、「光緒二十年甲午東乱守城卒殉節碑」が小さな祠《ほこら》のなかに大切に保存されています。

一方、一八九五年の年明けには、日本軍・朝鮮政府軍による東学農民軍に対する総攻撃もおこなわれ、長興の広大な平野、石台で、農民軍は数百名の犠牲者を出し、この戦闘のあと、散り散りになりました（本書九五〜六ページ参照）。長興には石台の平野を見下ろして「東学農民革命記念塔」が高々と立っています（前ページ）。

こうした二つの記念碑がある長興に、両者の子孫がいまも住んでいます。

「東学農民革命記念塔」は建てられたものの、その記念の式典はできませんでした。碧沙駅の犠牲者の子

復元された羅州邑城西門

孫が反対したからです。

しかし、二〇〇四年、「東学農民革命軍の名誉回復に関する特別法」ができ、各地に東学農民革命の戦跡地の指定も行われるようになりました。長興でも東学農民革命記念財団などの懸命の働きかけによって、犠牲になった碧沙駅駅卒と東学農民軍の両者の子孫の和解が進みました。

二〇〇九年一〇月には、長興石台が東学農民革命の戦跡地に指定されたのを機会に長興郡民会館で、記念の催しも開かれるようになりました。

✣羅州——日本軍最後の皆殺し作戦の基地

長興の北方約四〇キロに羅州があります。いままでは光州がこの地域最大の都市ですが、羅州はその西南にある古代から高いレベルの文化をもった誇り高い土地です。全州とならぶ全羅道の主邑《しゅゆう》でした。

一九世紀の末、この地域ではとくに儒教が強い勢いを保っていました。儒学を実践する役人も尊敬を集めていて、東学農民革命の第一次蜂起がおこり、全羅道の各地が東学農民に占領されますが、この羅州は東学農民軍の攻撃をはねのけて、東学農民軍はこの羅州を占領できませんでした。

東学農民軍をことごとく殺害せよ、との大本営命令で朝鮮に派遣されてきた後備歩兵独立第一九大隊は、第Ⅲ章で述べたように三つの中隊が西・中・東の三つの進路をとってソウルから南下しました。大隊本部をはじめ全中隊が一八九五年一月四日（陽暦）、羅州に集まりました。

東学農民軍側からいえば、各地で日本軍・朝鮮政府軍と戦い、多大の犠牲を出しながら、日本軍の作戦通り、この西南の地域に追いつめられてきたのです。

日本軍が「東学が再起できないように」「一人の東学農民も生かしておかないように」最後の作戦を繰りひろげたのが、羅州から西南方のこの地域でした。

『東学農民革命一〇〇年』には、こう書かれています。

> 羅州は全国でももっとも多くの農民軍が処刑されたという処刑場があったにもかかわらず、その痕跡はたやすく見つけることはできない。ただ当時、陣営が南門の外、いまの羅州初等学校に位置していたということを推察し、この場所がまさに農民軍たちがむごたらしく死んでいった現場だということを推測するだけである。（三九二ページ）

羅州初等学校はすばらしく整備されたきれいな学校です。二〇一二年の「東学農民軍の歴史を訪ねる旅」では、同行した天道教の朴源出《パクウォンチュル》さんが「清水《チョンス》」を供え、皆で慰霊の祈りを捧げました。

❖珍島――「ドクロ」を採取した場所

全羅南道の文字通りの西南端に珍島があります。

日本では、行ったことはないけれども、天童よしみさんの歌で知ってる、という方も多いかもしれません。韓国で三番目に大きい島、淡路島の三分の二ぐらいのこの珍島は、潮の干満が大きく、大潮のとき沖合の島との間に海が干上がって道ができる、海割れの島として観光の名所になっています。

一六世紀の末、豊臣秀吉の命令で侵入してきた日本軍が李舜臣《イスンシン》の率いる水軍に撃破されたのが、いま珍島大橋のかかる鳴梁海峡です。海峡を見下ろす丘の上に「鳴梁大捷記念碑」があります。

この珍島に東学農民軍が追いつめられ、最後の一人まで殺されたのです。当時、珍島郡の役所のあったところ、今はお寺がありますが、その敷地の石垣は当時のままだといいます。この石垣の周囲に惨殺

鳴梁大捷記念碑

枸杞を栽培している丘

された東学農民の遺体が遺棄され、地元の人たちが、近くの丘に埋葬したと言われています。

いまは珍島名産の一つになっている「枸杞《くこ》の実」（漢方薬として重宝される）を栽培している畑が広がっています。「明治三九年九月二〇日」、近くの綿花栽培の地に出張してきた「佐藤政次郎」が、ここから「韓国東学党首魁ノ首級」を持ち帰ったとみられています。

それが、この本の冒頭で書いた北海道大学で見つかった「ドクロ」です。

✣大芚山——記録に残る東学農民軍最後の戦い

さて、地図の上では、またずっと北上することになりますが、全羅北道の北端と忠清南道との境に、大芚山があります。荒々しい岩肌があちこちに露出し、秋には満山紅葉の道立公園です。いまでは中高年の登山者がたくさん訪れています。

東学農民軍のたたかいの文献上に記録がある最後がこ

農民軍が立てこもっていた岩山

の険峻な大芚山のたたかいなのです。

大芚山ホテルの屋根越しに、東学農民軍が立てこもっていた岩山が望まれます。

大変はげしかった牛金峙の戦いで生き残った東学農民軍の一部、約五〇人が、ここ大芚山で多数の政府軍と戦い続けました。難攻不落、天険の要塞でした。

厳寒の中、この天険で戦うことができたのはなぜか。朴孟洙さんの説明では、一八六〇年代から東学信者の多い村々がこの地域にあって、密かに食料などをとどけていたと思われるとのことです。

しかし、ついに一八九五年一月二四日（陽暦二月一八日）、日本軍・朝鮮政府軍・全州地方軍の連合軍の奇襲をうけ、残っていた東学農民軍、二〇数名が全員戦死しました。

この戦闘については、『駐韓日本公使館記録』に大芚山付近戦闘詳報（明治二八年二月一八日、特務曹長・武内真太郎による）があります。それには「二八、九歳ばか

東学農民革命大芚山抗争戦跡碑

りの懐胎（妊娠中の）せし一婦人あり、弾丸に当たりて死す。また、接主、金《キム》石醇《ソクスン》は一歳ばかりの女児を抱き千尋の谷に飛び込み、ともに岩石に触れ粉韲となり即死せり、その惨状いうべからず」（原文はカタカナ混じり文）と生々しく報告されています。

　山頂に行くロープウェイ乗り場から急な坂道をいくらか登ると、「東学農民革命大芚山抗争戦跡碑」が建っています。

❖東学農民革命記念館が語りかけるもの

　私たちが計画し、韓国の友人とも一緒に訪ねているこの「東学農民軍の歴史を訪ねる旅」は、隠された歴史をよみがえらせ、私たちが、どういう未来を生きるのか、それをたえず自分に尋ねかえす旅でした。

東学農民革命記念館全景と展示室の一部（東学革命記念館リーフレットから）

日清戦争のときから、日本政府も日本軍も、朝鮮に抗日闘争があったこと、それを徹底的に弾圧して皆殺しにしたということを、ひた隠しに隠して語りませんでした。語らないだけではなく、歴史にその痕跡をとどめないようにもしてきました。

その一例を最後に見ておきましょう。「古阜」という土地そのものを地図上から消してしまおうとするたくらみです。

古阜はすでに紹介しましたように、この歴史的な土地を記念して、「沙鉢通文」を刻む「東学革命謀議塔」、「無名東学農民軍慰霊塔」があります。現在は「井邑市古阜面」、まったくの農村です。人びとが農業をなりわいとしていることは東学農民革命の時代と変わりはありません。

ただ往時の古阜はもっと栄えたところでした。あの「沙鉢通文」にも書かれていたように、農民の糾弾の対象になったのは「郡守趙秉甲」でした。

古阜は「郡」だったのです。しかも全羅道一帯で古阜は全州府に次ぐほどの威勢のよい一九の面（村）を統括する巨大な古阜郡だったのです。

それが、日本が朝鮮を植民地にしたあと、一九一四年の行政区画の変更で、古阜郡の地理的な一体感を徹底的に破壊したのです。いまの古阜面は昔の古阜郡の西部と南部の二つの面の地域にすぎません。一九の面は周りの郡に編入されたり、名前を変えたりして、古阜郡の面影は解体されたのです。（古阜の歴史的変遷については、前掲『東学農民革命一〇〇年』参照）

いま黄土峙には立派な「東学農民革命記念館」があります。金大中が大統領のとき企画され二〇〇四年に開館しました。現在、東学農民革命記念財団が管理している韓国を代表する歴史的な記念館です。

この記念館を参観するには、入り口をはいって、まず腰をかがめて小さなドームを通らないと、展示室に入ることができないようになっています。

そのドームの中に立つと、無数のきらめく光のなか――です。

どうしてこんな構造になっているのですか？　と尋ねましたら、「この無数の光は、名もなく犠牲になった、無名の東学農民をあらわしています」という答えでした。

V

東学農民革命と現代韓国

――私自身がたどった道程から

朴 孟洙

❖光州事件のさなか、軍の中にいた私

一九八〇年五月一八日、韓国の西南部、全羅南道の道都（当時）で市民一六八人が命を奪われ、数多くの人々が負傷する悲劇が起きました。光州事件です（韓国では「五・一八光州民衆抗争」といいます）。当時、韓国軍部の実力者だった全《チョン》斗《ド》煥《ファン》保安司令官の指示の下に特殊部隊が、民主化を求めて示威行動をしていた大学生や一般市民に、小銃や機関銃、帯剣や棍棒などを使って襲いかかり、虐殺したのでした。

この光州事件が起こった時、私は軍の将校として勤務していました。自分の故郷でもある光州での私の勤務先は、一万人規模の兵士を指揮している師団司令部の地下壕でした。階級は中尉、職務は連絡将校でした。連絡将校は二四時間ぶっ通しで勤務し、その後二四時間の休み、次は八時間勤務、そしてまた二四時間という勤務態勢で、師団司令部全体で四～五人の将校が三交代制で仕事をしていました。

連絡将校の一番大事な仕事は、陸軍本部や軍団司令部などからの命令・指示を受け、それを暗号を使って下部の連隊や大隊などに正確に伝えることでした。あわせてもう一つの仕事が、下部の部隊からの報告や要請を同じ方法で上部の命令先にきちんと伝えることです。そのため私は、非番の時はいつも言葉を暗号化する練習をしていました。命令や指示、報告などを、早くかつ正確に伝える能力を身につけていなければならなかったからです。

連絡将校は任務上軍の機密にも接することが少なくありません。地下壕の中にあって、私は、一九八〇年五月、光州で軍隊が何をしたかを、今なお昨日のことのようにはっきりと覚えています。

しかし、一般社会からの情報を遮断されて地下壕の中にいた私は、軍隊の動きだけはわかっても、外の世界でどのような事態が生じているのか、その真相は全くわかりませんでした。事実がわからないだけではなく、全斗煥司令官の命令下にある軍の将校である私は、上官の命令を拒否することはできませんでした。私は、全斗煥保安司令官の命令を実行する下手人としての役割を忠実に果たすべき立場にあったのです。それでも「何か、問題があるのではないか」という疑念はあったのですが、自力では何もできない状況の中で辛い時期を過ごしました。

私が軍隊から社会に復帰したのは、翌一九八一年の六月末で、軍隊に入ったのが一九七九年二月でしたから、軍隊の中で二年四カ月を過ごしたことになります。短い期間のように思えるかも知れませんが、私にとっては自分の人生で一番長く思えてならなかった時間でした。時がたつにつれて、光州事件の真相がわかってきましたし、またこの時期は韓国にとってあまりにも悲惨な事件が毎月のように続いていた「過酷な時期」でもありました。「国民の命や財産などを守るべき軍隊が、国民を虐殺する」という事態のなかで何もできなかった私は、社会に復帰した後も故郷である光州に行く勇気はありませんでした。理由は言うまでもなく、「自分は光州市民を殺した加害者だ、自分は罪人だ」という気持ちにさいなまれていたからです。

私が軍隊に入ったのは（ご承知の通り韓国は徴兵制です）、「円仏教」という宗教の「教務」（仏教の僧侶、またはキリスト教の牧師のような職種）になるために円光大学の円仏教学科を卒業してからでしたが、軍隊の中で「光州事件」に接することによって、世界観に揺らぎが生じはじめていました。そのため、除隊後一九八一年九月から円仏教の本部で仕事についたのですが、なかなか仕事に専念することができませんでした。

そのころ韓国の各地では、光州の悲劇を伝えるビデオがアメリカやドイツ、日本などを通じて入ってきて、キリスト教の教会や市民団体の本部の建物の中などで秘かに上映されていました。私も、ある教会でそのビデオを見て、「光州事件」の真実が何であったのか、国民の命を守るべき軍隊が一般市民に対して何をしたかを、自分の目ではじめて確認しました。ビデオに映っている場面は、あまりにも残酷で悲惨なものでした。普通ではとうてい考えられないこと、想像を絶することが市民の生活の場で起こっていました。地下壕で軍の動きを知り、伝達していた私の受けた衝撃は強烈でした。

自分は、真実を知らぬまま、市民を虐殺した独裁者の側に加わり、彼の下手人に成り下がっていたという自責感で、私は苦しみました。善良な市民たちを殺戮せよという不当な命令を受けても、それを拒否することができない軍隊の中で、士官として勤務したという事実の前で、私は良心の呵責にさいなまれました。「組織のなかで仕方がなかったのだ。個人としては過ちはないのだ」と自分を説得しようとしましたが、「いや、君も全斗煥と同じだ。市民を殺した加害者だ」と周囲から指差されているように思えてなりませんでした。

このときの体験から、私は一つの貴重な教訓を得ることになりました。それは、「個人の良心（または信念）と集団（社会）の良心とは必ずしも一致しない」という悟りでした。また、「個々人が自分の良心を誠実に守るためには、個人みずからが道徳的に実践するだけでなく、その個人を取り巻く社会が道徳的かつ良心的でなければならない」と考えるようになりました。

それで私は、一九八一年の秋から、韓国社会を変えるための努力を積極的に始めました。まず各種の市民運動に関心を持ち、さまざまな集会に参加したり、「禁書」とされている書物を求めて読書会を開いたりしました。でも、それで満足を覚えることはできませんでした。

❖夜学運動の先頭に立って学んだこと

「光州事件」の真相を知り、大きな衝撃を受けてから、社会の変革、韓国社会の民主化の問題に関心を持つようになった私は、市民団体の集会や読書会を通して社会変革に関する知識はたくさん習得したのですが、しかし心の深いところではいつも何かが欠けている気持ちが抜けませんでした。

そうしたなか、大学の後輩から「先輩、私たちが作った夜学の校長になりませんか」という提案があり、一九八二年三月から夜学運動を始めることになりました。円仏教の仕事ももちろんやっていたのですが、それよりも夜学の仕事の方に力を入れるようになりました。夜学の生徒は、貧しい生徒ばかりでした。昼は下請の工場あるいは零細自営業者の店で働き、午後六時から一〇時まで夜学で勉強します。私も、昼の仕事が終わると、毎日のように夜学にきて、明るく輝いている生徒たちの目を見ながら、社会「変革」のための実践に、言い換えれば〝独裁者の手下〟であった自分を鍛えなおすための時間を過ごしたのです。

一九八二年の春から発足した夜学は今も健在で、夜学出身の教師や学生の集まりも続いておりますが、この夜学運動を通じて私は韓国の社会、とくに韓国の近現代史に目を向けることになります。当時、夜学の校長の役割を引き受けていた私は、普段は一年くらいで夜学講師をやめてしまう大学生に向けて、「社会変革には何が大切か」について「質の深い教育」（いわゆる〝意識化〟教育）をしなければなりませんでした。そのために、毎年の秋から半年間にわたる教育を責任を持って進めるなかで、私自身も〝意識化〟されたのです。

夜学運動をしていくうちに、私は、「自分が独裁者の手下の役割を余儀なくされたのは、韓国社会の民主化がなされていないためだ」、また「韓国社会の民主化がなされていない根本的原因は、一九世紀末、韓国がみずからの力で国民国家（近代国家）の建設を成し遂げることに失敗したからだ」と考え始めたのです。考えてみると、一九世紀末、帝国主義国家の植民地になった国々で、朝鮮ほどの長い歴史や伝統のある文化を持っていた国はありませんでした。また、遠い昔、自国の文化からたくさんのことを学んだ、その国から侵略を受けた国も、朝鮮だけでした。一九世紀末、自力で近代化を成し遂げることに失敗した韓国は、結局三六年間、日本の植民地支配を受けなければならず、植民地支配が終わったあとにも南北に分断され、同族を殺しあう戦争（朝鮮戦争）を余儀なくされました。それ以後も長年独裁者による軍事政権が続いたことは、周知の通りです。

一九八六年まで続けた夜学運動は、私にとってまさに自分の国の近現代史を教える先生のような存在でした。私は夜学運動から、自国の歴史、とくに近現代史に深い関心を持つようになり、「光州事件の根本的な原因は、韓国の近現代史にある」と確信するようになりました。そして、韓国の近現代史、とくに一九世紀末の歴史を自分なりに解明したいと思い、大学院へ入ることにしたのでした。

韓国学大学院修士課程に入ったのが一九八三年の春で、昼は勉強、夜は夜学での生活というかたちが八六年まで続きます。ついで八六年、私は博士課程に入りますが、この頃の韓国社会は以前と比べてすっかり変わっていました。社会を民主化しようとする運動がますます高まり、労働運動や学生運動も次第にエスカレートしていきました。ソウルをはじめ都会の大通りでは、毎日のように民主化を求める集会が開かれていました。一般の人々も、学生も、労働者も、大学の先生も、毎日のように警察に逮捕されていました。拷問事件や疑問死事件も日常的に起こっていました。

こうした状況の中で大学院に入った私たちには、社会変革のためのもの以外の勉強には目を向ける余裕がありませんでした。ですから、当時の大学院生の修士論文のテーマは、民衆の戦いである「民乱」(百姓一揆)とか、植民地時代における独立運動とかが多数を占めていました。このような流れの中で、私も、近代韓国の歴史の中で国民国家建設の決定的な分水嶺であった一八九四年の東学農民革命を研究テーマにしたのです。要するに、私が東学農民革命の研究を中心とした韓国近現代史の研究に若い時代をささげる、その決定的な契機となったのは、一九八〇年の「光州事件」とその後の夜学運動でした。

❖民主化運動の原点としての東学農民革命

「光州事件」と夜学運動をきっかけに、韓国の近現代史をもっと勉強しようと思った私は、先に述べたように一九八三年三月、韓国精神文化研究院（二〇〇五年二月一日付で、韓国学中央研究院と改称）附設の韓国学大学院修士課程に入り、本格的な歴史研究を始めました。そこで私が取り組んだテーマが、東学思想やその思想をもとにして一八九四年にわき起こった東学農民革命でした。

それでは、現在の韓国で東学（思想）と東学農民革命はどのような位置を占め、どのような評価を受けているのでしょうか。これを正確に理解することが、韓国の近現代史の特徴、あるいは現代の韓国人が経験してきた歴史の流れを知る鍵になるともいえます。

東学農民革命についての評価に関連して、日本でも比較的知られていると思われる例は、一九九八年一〇月、訪日した金大中《キムデジュン》大統領が日本の国会で行なった演説の中で、アジアの三大民主主義思想として、仏教、儒教、それに東学思想を挙げたことです。

一九七〇年代から八〇年代まで、韓国では厳しい軍事政権による支配が続いていましたが、当時、軍事政権とたたかった多くの民主運動家たちが、自分の運動の原点を探るときには、いつも東学や東学農民革命にさかのぼりました。たとえば、軍事政権の弾圧を避けるためにあちこち転々としながら避難生活を余儀なくされていた運動家たちは、しばしば自暴自棄の状態となりながらも、東学農民軍が朝鮮政府軍と戦い、最初に勝利した黄土峙《ファントゼ》まで来ます。そして記念塔の前に立った運動家たちは、塔に焼酎を注ぎ、泣きながら再拝したといいます。

近代韓国の苦難に満ちた歴史の原点、東学農民革命のゆかりの地である黄土峙に立ち、涙を流すことによって、運動家たちは再び生きる力、たたかう力を取り戻しました。東学農民革命の遺蹟を訪ねて生きる力、運動のエネルギーを得た代表的な人物は、日本でも知られている金芝河《キムジハ》さんです。金さんは一九七〇年代に軍事政権とたたかった抵抗詩人として知られていますが、実は金さんは東学研究においても韓国を代表する権威の一人です。また、「光州事件」に関わって全南大学を解職された作家の宋基淑《ソンギスク》先生が、解職期間中に東学農民革命の遺蹟地をまわり、大河小説『緑豆将軍』(全一二巻、一九九四年)を完成したことは有名な話です。右の民主韓国を象徴する二人の金さんが、共に東学思想、東学農民革命を高く評価していることこそ、韓国における東学の位置、また東学農民革命の位相を示す証《あかし》ではないかと思います。

現在はこのように高い評価や関心を得ている東学ですが、しかし私が研究を始めた一九八三年くらいまでは、東学思想や東学農民革命についての関心は浅く、研究レベルもきわめて低かったのが実情でした。それは当時の教科書でも、東学が一つの「類似宗教」として扱われ、一八九四年の大蜂起も「東学乱」と呼ばれていたことからもわかります。もちろん研究に取り組んでいる人たちが皆無だったわけではありませんが、一般の関心や評価はあまりにも低かったと言わなければなりません。実は、東学や東学農民革命についての関心や評価がなぜこんなに低いのか、この疑問の解明から私の研究は始まったとも言えるのです。

❖フィールドワークを主体に研究三〇年

そこでまず私が始めたのは、先行研究の調査およびその分析でした。その結果、次の三点が分かりました。

第一は、一八九四年の農民蜂起は全羅道だけではなく朝鮮全域で起こった大蜂起であったのに、先行研究のほとんどが全羅道のみに集中していたこと。第二は、蜂起においては東学思想や東学組織が重要な役割を果たしていたにもかかわらず、東学についての評価があまりにも低かったこと。第三が、先行研究では十分な史料調査やフィールドワークなしの研究がほとんどであったこと。

以上のように先行研究の問題点を確認した後、私は、先行研究に欠けているフィールドワークを始めました。史料調査の方よりフィールドワークを先にしたのには、理由がありました。東学は「下からの思想」すなわち民衆思想として、当時の朝鮮王朝の支配的イデオロギーであった朱子学をきびしく批判し、身分制を否定しましたので、支配層(両班《ヤンバン》)から過酷な弾圧をうけ、それゆえ史料を残すことが大変難しかった。つまり文献資料は乏しかったのです。したがって私としては、東学運動の現場へ行き、子孫たちを訪ねて証言を聞き取ることや、わずかな一次史料を掘り起こすことが何よりも大事だと考えたのでした。

最初のフィールドワークは、一九八三年秋の慶尚北道の慶州(慶州は東学の発祥地です)から始めて、以後三〇年以上続くことになります。一九八〇年代は、慶尚道、江原道、忠清道、京畿道などをまわり、九〇年代に入ってからは忠清北道と全羅南道、全羅北道を歩きました。さらに九七年四月から二〇〇一年三月までは日本の各地を訪ねました。

日本では〇一年三月、埼玉県の秩父に行き、「秩父事件」の遺族とお会いし、秩父困民党の残した史料と対面できたことが強く印象に残っています。それは、古く小さな村の博物館の壁にかかっていた困民党の「行動綱領」でした。東学農民蜂起より一〇年前の一八八四年に蜂起した困民党も、やはり東学農民軍のように厳正な「行動綱領」の下で何よりも「命《いのち》」をだいじにしていたことがよくわかったのです。国を超えて、困民党と東学農民軍の共通していた「命」の思想を確認した時の喜びを今も新鮮に覚えています。

秩父での困民党との出会いとあわせて、日本で「東学思想」を高く評価した唯一の思想家との出会いについても触れておきたいと思います。

その思想家とは、田中正造のことです。二〇〇九年一一月、私は「京都フォーラム」に招かれて来日したさい、田中正造が東学農民軍の「一二ケ条軍号（規律）」について「民の徳義の現れ」だとして高く評価した文章を残していることを知りました。その文章は、東学農民革命の当時のものではなく、その二年後に書かれたものですが、それを知ったとき、私はまた目からウロコが落ちるような感銘を受けました。

「一二ケ条軍号」の一部を、日本の外交史料館に所蔵されている一次史料から引用してみましょう。

「東道大将が各部隊長に命令を下し、約束した。（第一に）敵と対する時、わが兵（東学農民軍）は刀を血に染めずして勝つ者を第一の功とする。（第二に）やむを得ずして戦うとしても、切に命を傷つけぬことを尊しとする。（第三に）東学農民軍の陣列が行進していく時には、切に他人の物を害してはならない。（第四に）孝悌忠信の人が住んでいる村の十里以内には駐屯してはならない。（以下略）」

これだけを見ても、東学農民軍がいかに「命」を大切にし、道徳的かつ自己規律的であったかがわかります。そしてそのことを、同じように「命」を何よりも大事にした田中正造は、高く、そしてまっすぐに評価したのでした。

周知のように、田中正造は足尾銅山鉱毒事件に生涯を賭してとりくみ、晩年は最も鉱害で苦しんでいた谷中村に移り住み、農民たちとたたかい続けました。正造のたたかいは、まさに「命」を大切にしない明治政府の「文明開化」そのものに対してのたたかいであったと思われます。

❖「人骨放置事件」から始まった日韓共同研究

フィールドワークは、長い時間や資金、体力などを必要とするハードな作業ですから、三〇年もそれを続けてきた私には、数々の忘れられないエピソードがあります。厳冬の山奥で道に迷ってしまったこと、東学農民革命一〇〇年の時、金洛喆《キムナクチョル》という農民軍リーダーの日記を発見したことで韓国放送（KBS）のメインニュースの時間に出たこと、また自分が発見した『日史』（康津の地方役人の日記）という東学史料が地方文化財に指定されたこと、一〇〇周年を記念する全国各地の学術大会に「常連」のように招かれたことなど、たくさんの話がありますが、ここでは二つの成果のことを報告したいと思います。

一つは、私一人の力ではありませんが、二〇〇四年二月九日、韓国国会で「東学農民革命軍の名誉回復に関する特別法」が可決成立したことです。これは、一一〇年ぶりの名誉回復ですから、長い年月が過ぎてちょっと恥ずかしい気持ちもしますが、世界で珍しい例ではないかと思います。二月九日の夜、この法律が与野党の議員の多数賛成で成立したと聞いた時、私は涙を止めることができませんでした。

その感動のなかにいくつもの思い出が浮かんできました。博士課程にあったとき労働組合をつくったことを理由に就職試験で不合格になり、それを不当として裁判を起こし、高等裁判所まで行って負けたこと、またその裁判闘争中、一九八六年から九五年までの一〇年間、博士論文を提出することができないまま、一時、東学研究をやめていた私を車で黄土峙まで連れて行って励ましてくれた先生のこと、九一年に全国ではじめて全羅北道の全州市で「東学農民革命記念事業会」を立ち上げ、その活動費を生み出すために記念カレンダーを作って販売したことなど、次々と思い出されてその夜は一睡もしませんでした。

もう一つ、私の東学研究において大きな成果だと思っていることは、「民衆のたたかいを中心とした日韓共同研究」の発足に多少とも貢献できたことです。

本書の「はじめに」で中塚先生が紹介されているように、一九九五年七月二六日、北海道大学の古河講堂で、定年退職した人類学担当の元教授の研究室（旧標本庫）から、古い新聞紙につつまれ、ダンボール箱に入れられて放置されていた六体の人骨が発見されました。その中に「韓国東学党首魁」と墨書されている頭骨がありました。それに加え、珍島での情報を書いた書き付けも発見されました。百年以上も前の、韓国の最南端にある珍島出身の農民軍リーダーの頭骨が、なぜ日本の最北端に位置している北海道の大学に放置されていたのか。韓国人にとって、これは大きな衝撃を与える事件でした。事件は、同年八月四日、共同通信の記事を引用した『ハンギョレ新聞』などを通じて韓国でも広く報道されました。

当時、私は、前に述べた一九九一年発足の「社団法人東学農民革命記念事業会」の学術担当の幹事を引き受けていました。事業会の会長は、著名な人権弁護士の韓勝憲《ハンスンホン》さんでした。事業会では、事件を知ってさっそく、八月一八日、北海道大学に対して遺骨の返還を求めるとともに、事態をより詳しく知るための「質問状」を送りました。以後、私は、「人骨放置事件」の真相糾明のための調査に関わりはじめます。

翌一九九六年の二月四日から三日間、私は韓弁護士と一緒に北大を訪問し、文学部長と会い、遺骨の返還と真相糾明を改めて要求しました。その日の夜、私はある先生と「運命の出会い」をします。北大側の真相調査委員会のメンバーの一人である井上勝生先生でした。先生から、人骨が見つかった直後からの北大側の調査経過について詳細な説明を受けました。その調査内容の説明は、衝撃の連続でした。書き付けに書かれていた佐藤政次郎という人物の行跡を調査して、三人の「佐藤」が分かったこと、その三人とも日本の朝鮮植民地支配と深い関わりを持っていたこと、また日本の外交史料館や防衛庁（現防衛省）の防衛研究所図書館に日本軍による農民軍弾圧関係の史料がたくさん保存されていることを知りました。私はこれまで進めてきた研究の限界を切実に感じました。以後、北大（主に井上先生）と事業会（韓弁護士）の間で数十回にわたるやり取りがあり、九六年五月三一日、農民軍リーダーの遺骨は韓国に奉還されました。

一九九六年二月のはじめての北大訪問、つづいて五月、遺骨奉還のための北大訪問と、この二回の北大訪問を通じて私は、北大の前身である札幌農学校の卒業生が農民軍リーダーの遺骨を「採集」して母校へ寄贈したことや、札幌農学校が朝鮮植民地支配の先導役を果たしていたことを知りました。それで翌九七年四月、「人骨放置事件」の歴史的背景を明らかにするため北大に留学しました。最初は一年の予定でしたが、結局二〇〇一年まで四年間を北大で過ごしました。

以後、「人骨放置事件」を契機に日韓の研究者や市民団体・一般市民のレベルでの交流が目覚ましく進展しました。たとえば、研究者レベルの共同研究の動きです。最初、井上先生と私との間で始まった共同研究は、二〇〇一年五月、韓国・全州で開催された「東学農民革命国際シンポジウム」を誕生させるのに大きく貢献しました。こうして始まった研究者レベルの交流は、二〇〇四年、中国の研究者との交流にまで発展し、従来の日韓レベルの交流をはるかに越えています。日韓共同研究の成果としては、とくに井上先生の方から素晴らしい業績がたくさん出ています。

井上先生は、最近は東学農民軍を弾圧した日本軍後備歩兵第一九大隊の編成地である四国を中心としたフィールドワークをしながら、今も研究を続けておられます。井上先生との共同研究は日韓両国の研究者の間に大きな反響を呼び、日本からは、中塚明先生も加わられて二〇〇一年五月、国際シンポジウムを成功させました。私も頑張って以下のような成果を日本語または韓国語で発表してきました。

1　韓国における民衆の近代史――東学農民戦争を中心に（『北海道歴史教室』一六八号、一九九八年七月）
2　東学農民軍犠牲者の遺骨に関する人類学的研究（第四一回大韓体質人類学会学術大会資料集、共同研究、一九九八年五月、ハングル）
3　東学の「斥倭洋」運動に関する史料について（『北大史学』三九号、一九九九年一一月）
4　『東学農民戦争関係資料集――日本外務省外交資料館所蔵』全六巻（編集及び解説、二〇〇〇年七月、ハングル）
5　近代日本と韓国との関係――東学思想、甲午農民戦争、日清戦争を中心に（北海道大学大学院・博士論文、二〇〇〇年一一月）
6　東学農民戦争期における日本軍の武器について（『韓国近現代史研究』一七集、二〇〇一年六月、ハングル）

7 『一八九四年、景福宮を占領せよ』（これは中塚明先生の『歴史の偽造をただす』〈一九九七年〉をハングルで翻訳したもの。二〇〇二年九月、プルンヨクサ発行）

8 甲午農民戦争期における東学農民軍の日本認識（『姜徳相先生古希退職記念日朝関係史論集』、二〇〇三年五月）

9 東学軍の遺骨と植民地的実験（『韓国独立運動史研究』二三集、二〇〇四年一二月）

10 五月の光州が私に残したもの（『みすず』五四八号、二〇〇七年四月）

11 東学の実践運動（『第九一回公共哲学フォーラム：ハンと東学と生命、その公共哲学的意義を問う』、二〇〇九年八月）

12 『開闢の夢、東アジアを覚ます――東学農民革命と帝国日本』（二〇一一年四月）

13 一八九四年の東学農民革命は、なぜ革命なのか（『東学農民革命特別企画シンポジウム：歴史教科書の東学農民革命の叙述、如何にすべきか』、二〇一一年一一月）

14 すべての生命を大切にする社会に向けて（『東北亜平和の広場を作る歴史フォーラム：日清戦争期の朝鮮の東学農民革命と愛媛』、二〇一二年七月）

15 日本の安藤昌益と韓国の崔時亨（『公共的良識人』二四八号、二〇一二年七月）

16 東学農民革命（甲午農民戦争）研究の最前線（『朝鮮史研究会会報』一八八号、二〇一二年九月）

17 東学と田中正造（『人環フォーラム』三一号、二〇一二年九月）

以上のすべての成果は、「人骨放置事件」によって始まった日韓共同研究から生まれたものです。いわゆる「負の遺産」から始まった共同研究でしたが、振り返ってみると、素晴らしい方々に恵まれた時間であったとしみじみ感じます。

❖草の根レベルの交流の発展

このように共同研究が目覚ましく発展したのですが、しかし「人骨放置事件」から生まれた一番大事な成果としては、やはり「草の根レベルの交流」を取り上げなければならないと思います。

一九九七年四月、「人骨放置事件」の歴史的背景を明らかにするために訪日した私は、八〇年の「光州事件」を軍人として経験し、社会に復帰してからずっと民主化運動に関わってきましたので、訪日してから日本の市民運動、いわば草の根のレベルの動きについて目を向けました。

「人骨放置事件」については、韓国はもちろんですが、北朝鮮でも、またロシアのウィルタ民族、アイヌ民族なども、事件の当初から真相糾明を強く要求しました。とくに、アイヌ民族は、一九八〇年代に北大医学部でアイヌ民族の遺骨が大量に発見されたこともあって、北大文学部に対して「人骨放置事件」の真相糾明を厳しく追求していました。訪日してから分かったのですが、「人骨放置事件」を引き起こした背景には、帝国主義国家の日本の侵略をうけ、植民地支配されたさまざまな民族の問題がたいへん複雑にからんでいました。私は、「人骨放置事件」のお陰で日本の市民団体のメンバーと会ったり、在日の方々と会ったり、アイヌ民族やウィルタの方たちと交流したりしながら、たくさんのことを学ぶことができました。団体名などを具体的に挙げると、札幌郷土を掘る会、空知民衆史講座、北海道歴史教育者協議会、アイヌ民族、民団や総連の方々などです。このようにいろんな人たちとの交流を通じて、これからは国家とか民族とかいう壁を越えることがもっとも大事だと思うようになりました。

二〇〇一年五月、先にも触れた「東学農民革命国際学術大会」が開催されます。五月三一日から六月三日まで開かれた国際学術大会には、日本から研究者二〇人あまりを含め一〇〇人を上まわる人たちが参加されました。私は、この大会の企画者の一人として、主に日本からの参加者たちの出迎え、通訳、東学農民革命の戦跡地フィールドワーク案内などを担当しました。この大会に参加した日本の方々は、とくにフィールドワークの際に深い感銘を受けたとのことです。そこから企画され、実現されたのが翌二〇〇二年夏の奈良県歴史教育者協議会などが主催の「韓国、歴史と平和の旅」でした。それがやがて〇六年から全国版となり、「東学農民軍の歴史を訪ねる旅」として現在まで続いているのです（二〇〇九年の第四回から韓国ハンサリムとの共同主催になる）。

また二〇一二年七月には、東学農民軍を制圧するために朝鮮に派兵された日本軍後備歩兵第十九大隊の兵士たちの出身地である四国の愛媛県松山市で「東北アジアの平和フォーラム」が開催されました。これは韓国の「東北アジア歴史財団」の後援で、韓国の「東学民族統一会」と「愛媛大学東北アジア平和研究会」「日本コリア協会愛媛」とで共催されたのですが、ここで東学農民軍の遺族たちと第十九大隊の兵士の遺族との交流が行なわれました。一二〇年の時空をこえ、加害・被害の立場をこえて、平和を願う民衆どうしの交流が実現したのです。

❖現代に生きる東学の思想「ハンサリム運動」

二〇〇一年四月に日本から帰国した私は、翌五月の国際学術大会も無事に終え、久しぶりに東学農民革命記念事業会のメンバーと会い、重大な決心を表明しました。それは、「新しい市民運動」に積極的に参加しようという決心でした。

この「新しい市民運動」を、韓国では「生命運動」と言っておりますが、この運動は東学思想と深い関係を持っています。東学思想を表わす言葉で、「侍天主《じてんしゅ》」という言葉があります。「侍天主」の意味は、「人々は自分のなかに天主、すなわち神様のような聖なる存在を持っている」という意味です。この「侍天主」から、東学の「人即天、事人如天」（人は即ち天なので、人に事《つか》えるときは天に事えるようにせよ）の思想＝東学の平等思想や、「天地万物、莫非侍天主」（天地万物のすべてが、自分の中に聖なる存在を持っている）の思想＝東学の生命尊重思想が生まれます。したがって、この「侍天主」という言葉こそ、東学思想のかなめとなるキイワードです。

しかし、東学の「侍天主」、すなわち東学の生命思想は、これまでまったく無視されたと言ってよいほど、注目されてきませんでした。東学の「侍天主」について、はじめて注目し、それを現代的な生命（尊重）思想として説明したのが、詩人・金芝河さんの『南の土地の舟歌』（一九八五年）でした。

金さんは、自分の二代前のお祖父さんが東学のリーダーであったこともあって、一九六〇年代の大学生時代から東学に関心を持ち、とくに七〇年代の獄中生活の中で東学の生命思想に深く共鳴した、と回顧録で語っています。この金さんが監獄から出て、江原道の原州市で闘病生活をしていた八〇年代の半ば、私も大学院で東学のフィールドワークをするかたわら、労働組合を作ったり、軍事政権に抵抗する集会を開いたりしていましたが、いつも自分の力の弱さ、運動方法の限界を味わっていました。そんな状況のなかで、金さんたちが、東学の生命思想をもとにした、新しい運動を始めようとしていることを知り、私も参加しました。それが「ハンサリム運動」だったのです。

「ハンサリム運動」は、金芝河さんを中心に一九八六年、江原道の原州市で始まり、二〇一二年一二月末には会員が三五万世帯を超える韓国最大の市民運動団体に発展しました。「ハンサリム運動」の特徴は、従来のような政治闘争よりも、市民の日常生活に関する問題、たとえば環境、子どもの教育、福祉、平和、食の安全などを大事にして活動しています。日本の生協とも重なる活動です。ただ「ハンサリム運動」は、生協のような活動だけにとどまっていません。もう一つの大事な活動をしようとしています。「モシムとサリム」運動がそれです。

では、「モシムとサリム」運動とは何か。それが目指しているのは、「近代の行き過ぎた産業文明が世の中を荒廃させ、生命を殺しているという前提に立ち、そうした今日の状況を打開していくための価値観〈生命を大事にする世界観〉の確立と、それにもとづいた新しい生活様式を創造してゆく運動」です（一九八九年一〇月二九日、ハンサリム宣言）。

かなり高度で難しく、宗教的または哲学的な説明を必要とする運動です。私自身も、なかなか理解できないところもありますが、簡単に言えば、命を持つ全ての存在を尊重し、それを育てることを目指すということが、この運動の目的なのです。「ハンサリム」ではこの「モシムとサリム」運動を広げるため、一九八九年に「ハンサリム・モイム」という組織を立ち上げましたが、その後いろいろの経過をへて二〇〇二年五月に「モシムとサリム研究所」という新しい体制で本格的な活動に乗り出しました。この研究所の初代の所長を務めるために、私は東学農民革命記念事業会の仕事をやめたのです。

「モシムとサリム研究所」の仕事をはじめた私が、まず全力を投入したのが「日本の市民運動から学ぼう」ということでした。国境や民族という壁を越え、互いに共同の課題を見つけ、その解決の道を探ることの大切さを、留学中、自分の体で切実に感じ取ったからです。

二〇〇三年六月、私は中塚先生たちの奈良県歴史教育者協議会のみなさんのお招きで、韓国ハンサリムの若手運動家一六人とともに訪日して、奈良、神戸、札幌などで日本の皆さんとの「草の根レベルの交流」を広げました。次いで翌〇四年にも北海道を中心に一五人が二回目の交流をしました。また〇七年夏には韓国円仏教の社会福祉法人「三同会」の一行が京都を訪ね、一二年二月には韓国ハンサリムの活動家一五人が今回も京都で日韓市民の交流会を行なったのでした。こうした交流の成果は報告書の形で刊行し、三五万のハンサリムの会員たちとその成果を共有しています。

❖明日への提言

最後になりますが、これからの日韓両国の未来はどうなるでしょうか。東アジアの未来、世界の未来はどうなるでしょうか。日本では戦後六五年、韓国では解放（光復）六五年がすでに過ぎました。解放六五年が過ぎた韓国では、国をあげていわゆる「過去の負の遺産」を清算する作業を断行しました。

たとえば一九七〇年代、朴正熙大統領の軍事政権時代に起きた拷問事件や疑問死事件が再調査の対象になったり、一九六五年の日韓協定の文書が公開されたりして、当時の政府が何を誤ったかがはっきり分かっています。一八九四年の東学農民革命のことはもちろん、植民地時代の強制連行のことや慰安婦の問題も、真相糾明の対象になり、調査が行われ、その被害者に対して補償もしております。

また、この「過去の負の遺産」の清算の問題の一つとして、朝鮮戦争のさいの「民間人虐殺」の問題もあります。これは、「光州事件」のように自国の軍隊が一般市民を虐殺した、重大な戦争犯罪です。

今、韓国の人々は、自国の軍隊が犯した戦争犯罪の真相を解明し、真の意味の「過去の負の清算」を克服するためにたたかっています。研究者たちも、ジェノサイド学会をつくり、真相糾明に協力しています。私たち韓国人は、平和と共生への思いを持って自国の恥を明らかにし、不幸であった歴史を明らかにしようと努めております。しかしまだ課題は多く残っています。日本では、どうなっておりますか。

自国の恥、「過去の負の遺産」は、自国の人々によって清算されるのが一番望ましいと思います。戦後六五年が過ぎた今日、日本の各地から、「過去の負の遺産」を清算しようとする運動がますます高まってゆくことを願っています。

あとがき

井上勝生さん・朴孟洙さんのお二人と、一九九七年の秋、札幌ではじめてお会いしたことは、この本の「はじめに」で書きました。その後、東学農民戦争をめぐって、日本と韓国の研究交流が大いに進み、民間の行き来も追い追い広まってきました。

なかでも井上勝生さんの東学農民戦争関係の史料探索には、目を見張るものがありました。

昨年（二〇一二年）春、井上さんが四国での調査の帰り、京都に寄られ、当時京都大学に客員教授として来日中の朴孟洙さんと私の三人が集まりました。そのとき、井上さんから、四国で発見された日本軍従軍兵士の残した東学農民軍鎮圧の生々しい記録の話を聞きました。

その話をきっかけに、東学農民戦争と日本、とりわけ日清戦争との関わりについて本を出そうではないか、という話になりました。

日本は国家として、日清戦争中の朝鮮人民の抗日闘争を、当時から今日に至るまで認めていません。家永教科書裁判の第三次訴訟で、原告の家永三郎先生は「日清戦争時の朝鮮人民の反日抵抗」の記述削除を命じた文部省の措置を取り消すよう求めましたが、それは最高裁の判決で、文部省＝

日本政府の勝訴に終わっているのです。一九九七年のことです。

こうした日本で、井上さんの史料調査の意義は画期的なものでした。ぜひその成果を含めて、韓国での東学農民革命の再評価、韓国国会における東学農民革命軍の名誉回復などの近年の動き、また日韓の民間交流の新しい展開などを、一冊の本にまとめて、日本の読書界に提供しようではないか、と話がまとまったのです。

その結果、私がこの本の出版を高文研の梅田正己さんに提案し、快諾を得ました。そこで梅田さんがまず構成の案を作り、それを再検討して、本書の構成がまとまりました。

井上さんは著述活動に多忙なか、また朴孟洙さんは、勤務校である円光大学校（全羅北道益山市）の、日本ではかつて「学生部長」といわれた劇職に選任された、そのさなかでの本書の執筆でしたが、梅田さんの適切な編集の采配によって、本書が刊行されることになったのは、きわめて喜ばしいことです。

もちろん、執筆者の三人の力だけで、この本が出来上がったわけでは決してありません。日本でも、韓国でも、それぞれにたくさんの方々のお力添えがあったことはいうまでもありません。本文中にお名前が出てきた方々はもとより、日本・韓国で、研究上、またフィールドワークで、お世話になった方はたくさんいらっしゃいます。お一人お一人のお名前はここでは書き切れませんが、すべての方にあつくお礼を申し上げます。

機関・団体では、韓国の東学民族統一会、東北亜歴史財団、東学農民革命記念財団、東学農民革命記念館、そして私たちの「東学農民軍の歴史を訪ねる旅」を温かく迎え、見学旅行をご一緒したハンサリムと天道教の皆さん、また、珍島・扶安・報恩・全州・光州など各地で交流の集いを催してくださった皆さん、日本では、四国各県で井上さんの史料調査にお力添えいただいた皆さん、また四国、とりわけ愛媛県の愛媛大学東北アジアの平和研究会、日本コリア協会愛媛の皆さん、また『東学農民革命一〇〇年』（信長正義訳）の訳出・出版に尽力された神戸学生青年センターの皆さん。そのほか多くの日本と韓国・朝鮮の平和と友好にご尽力の皆さんに、心から深謝いたします。

また、私たちのツアーを毎年支えてくださっている日本の富士国際旅行社、韓国のソウル海外旅行社にも感謝いたします。

ありがとうございました。今後ともよろしくお願いします。


日本では、私たちが歩いてきた道は、まだあぜ道にもならない、嵐がくれば消えてしまいそうな足跡に過ぎないかもしれません。

しかし、過去にまじめに向き合い、歴史の事実に真っ正面からとりくむ——そうした姿勢こそが、日本と韓国・朝鮮、そしてひろく東北アジアから世界につながる平和と友好の道であることを信じて疑いません。この道こそが平和と友好の道であり、これに代わる活路はありません。

その道がひろがる未来に、この本が寄与できることを願って、あとがきとします。

二〇一三年　新緑の五月に

執筆者を代表して　中塚　明

《新版あとがき》

韓国における東学農民戦争に関する研究状況と「謝罪の碑」の建立

韓国・円光大学校名誉教授
朴孟洙

「いのちの思想」としての東学に注目が集まる

韓国では、二〇一四年に『いのちの目で見る東学』という単行本が出版された。これは、これまで東学農民軍の蜂起すなわち農民軍の戦いを中心とした先行研究に対して、農民蜂起の思想的基盤となっていた東学思想を「いのちの思想」として捉えた画期的な研究である。それ以来、韓国では東学思想の原点である東学の基本経典に関する研究が活発になり、漢文経典の『東経大全』(二〇二一年)とハングル経典の『龍潭遺祠』(二〇二一年)の注釈書が次々と刊行された。

これにともない、「いのちの思想家」として朝鮮の東学を「文明的」と高く評価していた田中正造(一八四一―一九一三)に関する韓国の人々の関心が高まった。筆者は、田中正造と全琫準の公共的生き方に注目した論文「緑豆将軍全琫準と田中正造の公共的生き方」(二〇一三年一二月)を発表、二〇一九年には歴史学者・小松裕氏の『真の文明は人を殺さず』(小学館、二〇一一年)のハングル版が出版された。二三年には子ども向けの田中正造の伝記も刊行されている。

日韓共同研究や学術交流が一層深まる

一九九七年からはじまった中塚明・井上勝生・朴孟洙の三人による東学農民戦争に関する共同研究は、二〇一四年以降も絶えることなく続けられ多大な成果を挙げている。まず取り上げたいのは新しい史料のハングル訳書の刊行である。韓国の東学農民革命記念財団は、二〇一五年から『東学農民革命新国訳叢書』を刊行しており、北海道大学の井上勝生先生が発掘した「南小四郎文書」や「明治二十七年日清交戦従軍日誌」などもハングル訳され、一般市民も自由に利用できるようになった。この叢書は、二〇二三年までに合わせて一五巻が刊行され、東学農民戦争研究に大きく貢献している。

次は、日韓共同のシンポジウムや学術交流が一層活発になったことを取り上げたい。二〇一三年から二〇一四年にかけて田中正造ゆかりの地である栃木市と佐野市で国際シンポジウム「田中正造とアジア」が盛大に開かれ、日韓の田中正造研究者や市民たちが交流を深めた（『下野新聞』、二〇一四年九月一四日付）。

また、京都大学人文科学研究所は、二年にわたって（二〇一五年、二〇一六年）「日清戦争と東学農民戦争」関係の国際シンポジウムを主催し、その研究成果を『人文学報』一一一号（二〇一八年）にて公開し、井上勝生先生、中川未来先生、筆者の論文などが掲載された。さらに学術レベルの交流の一つとして、中塚明先生が二〇一五年に出版された『歴史家山辺健太郎と現代』（高文研）のハングル訳が二〇一六年に刊行され、アジア太平洋戦争終結後、日本の朝鮮侵略史研究に取り組んできた山辺健太郎（一九〇五―七七）の生涯やその業績が韓国の人々に幅広く知られるようになったことも意味深いことである。

韓国・全羅道以外の地域事例研究が蓄積される

二〇一四年は東学農民戦争及び日清戦争一二〇年という節目の年であった。それ以降二〇二三年までの一〇年間に、東学農民戦争研究のレベルは従来の研究とまったく別次元に到達した。従来の研究を一言で言えば、「全琫準・全羅道・古阜（または井邑）」という三つの言葉で要約できる。言い換えれば、全琫準が率いていた全羅道農民軍（いわゆる南接農民軍）の蜂起だけに焦点が当てられていたのである。これに対して、二〇一四年以後の研究は「全琫準・全羅道・古阜（または井邑）」中心の研究から脱却し、農民軍指導者としては全琫準以外の指導者へ、地域としては全羅道以外の地域事例研究に関心が移っていた。要するに、南接農民軍中心の研究から他の地域すなわち北接農民軍の蜂起についての研究へと大転換した。

その成果の一つは、第二次東学農民戦争の際、忠清道公州で繰り広げられた「牛禁峙の戦い」に関する新しい事実が最近明らかになったことである（鄭善元「東学農民革命時期における公州戦闘研究」円光大学校博士論文、二〇二三年）。長年にかけて地元に伝わってきた口伝を系統的に収集、また日韓の東学関係史料を丹念に分析した鄭先生の博士論文は、「牛禁峙の戦い」に一〇万の農民軍が結集し、そのうちの六万が北接農民軍すなわち全羅道以外の地域の農民軍であったことを実証し、井上勝生先生も日本側の史料に基づいて鄭先生の研究を裏付けた（井上勝生「公州牛禁峙戦闘と日本軍」『公州東学農民革命日韓国際学術大会資料集』〈二〇二三年〉所収）。北接農民軍についての二人の研究は、第二次東学農民戦争における北接農民軍の役割についてきわめて否定的な今日の日本の研究状況に、大きな影響をおよぼすのは間違いないだろう。

全羅道羅州で「謝罪の碑」が建立される

今から一二九年前の一八九五年一月五日、東学農民軍「弾圧」部隊の日本軍後備歩兵第十九大隊（第一中隊と本部隊など）が全羅道の羅州城に入った。当時、後備歩兵第十九大隊は三中隊と本部隊で編成されており、兵力は約七百人規模だった。第十九大隊は、広島にある大本営直轄の南部兵站監部所属で、その核心任務は東学農民軍を全羅道西南部に追い詰めて「皆殺し」にして、農民軍が再蜂起できないようにすることだった。

羅州城に入城した第十九大隊は入城直後、再び三支隊に分かれて長興など全羅道南部へと南下し、農民軍を虐殺した後、いったん羅州城に戻った。第十九大隊がソウルに向けて北上を開始したのは二月八日だった。つまり、第十九大隊が羅州城に駐留した期間は三五日間にもなる。この三五日間、第十九大隊は全羅道全域で逮捕・押送されてきた農民軍を虐殺した。では、三五日間に全羅道南部で虐殺された農民軍の数はどれくらいで、虐殺された農民軍の遺体はどう処理されたのだろうか。

　第二次東学農民戦争当時、羅州城で虐殺された東学農民軍の真相は一〇〇年以上も明らかにされてこなかった。ところが二〇一二年三月、全羅道南部で虐殺された東学農民軍の惨状を生々しく証言する史料が日本で発見された。後備歩兵第十九大隊第一中隊に所属し、羅州城を経て長興の「石台トゥル（석대들）の戦い」まで参戦した上等兵が残した従軍日誌が、井上勝生先生の調査によって発見されたのである（従軍日誌の全文は、前述の『人文学報』一一一号に掲載された）。

　従軍日誌の一八九五年二月四日の項によれば、羅州城内で虐殺された東学農民軍兵士が六八〇人にも達し、羅州城南門付近には捨てられた遺体から流れ出た脂が銀のように凍りつき、数多くの農民軍兵士の死体が犬や鳥の餌になっていたという。ここで注意すべきなのは、羅州城で虐殺された農民軍のほとんどは「重罪人」、つまり農民軍のうち「接主」以上の幹部クラスだったという点である。一般の農民軍兵士は、戦場で直ちに「銃殺（砲殺）、杖殺（打殺）、焼殺、突殺」されたために六八〇人の中には含まれていない。したがって、羅州城を含めて全羅道南部で日本軍に虐殺された東学農民軍兵士の数については、今後さらに精密な調査と研究が必要であろう。

　以上のように、全羅道の羅州は東学農民軍兵士が日本軍によって最も多く虐殺された「恨《ハン》」の土地である。この「恨」を昇華させるべく、二〇一九年一〇月に日韓両国の知識人と市民が手を結んだ。「日本の良心」と呼ばれる中塚明先生と筆者は、二〇〇六年から続けていた「日韓市民が一緒に行く、東学農民軍の歴史を訪ねる旅」（以下、日韓東学紀行）に参加した両国市民と共に羅州市に

東学農民軍犠牲者を悼む謝罪の碑（写真提供：富士国際旅行社）

慰霊碑を建立するための募金活動に着手することを決意した。そして、二〇二三年一〇月三〇日に日韓両国の市民による「東学農民軍犠牲者を悼む謝罪の碑」の除幕式を無事に終えることができた。中塚明先生が草案を書かれた碑文は、以下の通りである。

【東学農民軍犠牲者を悼む謝罪の碑】

羅州は、一八九四年東学農民革命当時、朝鮮の輔国安民の旗幟の下に蜂起した東学農民軍が全国的に最も多く犠牲になった地です。

とりわけ一八九四年一二月一〇日（陽暦一八九五年一月五日）に日本軍後備歩兵第十九大隊が羅州城に入城して以来、全羅道西南海岸一帯で最後の抵抗を続けていた東学農民軍は、近代的小銃と戦術で武装した日本軍の「全員殺戮作戦」のむごい犠牲になりました。また各地から押送されてきた東学農民軍の指導者数百人は羅州招討営

（今の羅州小学校）で犠牲になりました。

このように過去の深い傷をかかえた羅州を未来の共生平和の羅州とすべく、日韓両国の良心的知識人と志ある日韓東学紀行参加者たちが立ちあがりました。二〇一九年から二〇二一年までの三年間の日韓共同シンポジウムを通して羅州東学農民革命の歴史を復元しつつ、その成果に基づいて、羅州で犠牲になった東学農民軍犠牲者を追悼するために日本の市民たちがまず謝罪の心を込めた募金を自発的に集め、これに韓国の市民と羅州市が協力して、この碑を建立いたしました。

このささやかな謝罪の碑が、知識人と市民の連帯を超えて、世界平和の礎となることを切実に願っております。

二〇二三年一〇月三〇日

奈良女子大学名誉教授　中塚　明
北海道大学名誉教授　井上勝生
日韓東学紀行参加者一同

この「謝罪の碑」の除幕式が行われたのは、碑文にあるとおり二〇二三年一〇月三〇日である。ところが、まさにその直前、中塚先生は除幕式に立ち会うことなく他界されたのだった。除幕式の直前、その悲報を聞いた私たちは、驚きと同時に深い悲しみにつつまれた。

除幕式の後にはつづいて「東学農民革命韓日国際学術大会」が予定されており、先生はそこで「基調講演」を行われることになっていた。しかしこの年の夏以降、先生の肺がんの病状は日を追って進行していたため、先生は自身でその講演を行えなくなることを予感されていたのか、私のところへその講演草稿を送ってきてくださっていた。

結局それが、先生が公的な場で書かれた最後の文章、すなわち絶筆となった。その標題は「現代日本の歴史認識と市民運動」となっていて、最後はこう締めくくられていた。

「昨日、韓国全羅南道羅州市に建立、除幕された碑は、日韓両国の市民による、歴史の事実をみつめ、未来に対する平和と人権の確立への揺るがない決意を表したものです。／韓国・日本の自覚した市民運動の『歴史認識の一つの到達点』を示した記念碑だと、私は思っています。／この道が、未来に向かって大きく広がることを、私は心から願っています。」

先生のこの願いを受けとめて、本書『東学農民戦争と日本』により、朝鮮半島における隠されていた歴史の真実が明らかにされ、それによって人々の歴史認識が突き動かされ、歴代の政治権力により閉ざされていた重い扉を押しひらいて、徐々にでも韓日両国民の相互理解を深め、友好への道が踏みかためられてゆくことを、私も心から願っています。（二〇二四年二月二〇日）

中塚　明（なかつか・あきら）
1929 年、大阪府に生まれる。日本近代史、特に近代の日朝関係の歴史を主に研究。奈良女子大学名誉教授。主な著書に『日清戦争の研究』（青木書店）、『近代日本と朝鮮』（三省堂）、『蹇蹇録の世界』（みすず書房）、『近代日本の朝鮮認識』（研文出版）、『歴史の偽造をただす』『歴史家の仕事』『現代日本の歴史認識』『司馬遼太郎の歴史観』『歴史家　山辺健太郎と現代』『日本人の明治観をただす』『増補改訂版　これだけは知っておきたい日本と韓国・朝鮮の歴史』（以上、高文研）など。共著書に『ＮＨＫドラマ「坂の上の雲」の歴史認識を問う』（高文研）がある。2023 年逝去。

井上勝生（いのうえ・かつお）
1945 年、岐阜県に生まれる。幕末・維新史を研究するが、1990 年代後半から東学農民戦争の研究に踏み込む。北海道大学名誉教授。著書：『幕末維新政治史の研究』（塙書房）『開国と幕末変革』（講談社〈日本の歴史18〉）『幕末・維新』（岩波書店〈シリーズ日本近現代史１〉）「甲午農民戦争（東学農民戦争）と日本軍」（吉川弘文館〈『近代日本の内と外』〉）『明治日本の植民地支配―北海道から朝鮮へ』（岩波書店）他。

朴　孟洙（パク・メンス）
1955 年、韓国・全南に生まれる。円光大学校名誉教授。北海道大学文学研究科博士課程修了、文学博士。1980 年代後半より東学および東学農民革命に関する歴史研究に取り組みつつ、現在はハンサリム運動（生命・環境運動）の指導者として活動。著書『開闢の夢、東アジアをめざめさせる―東学農民革命と帝国日本』、訳書『景福宮を占領せよ』（原著・中塚明『歴史の偽造をただす』）他。

新版　東学農民戦争と日本
■もう一つの日清戦争

●二〇一三年　六　月二〇日――――第一刷発行
●二〇二四年　四　月三〇日――――新版第一刷発行

著　者／**中塚　明・井上勝生・朴孟洙**

発行所／株式会社 **高文研**
東京都千代田区猿楽町二―一―八
三恵ビル（〒一〇一―〇〇六四）
電話０３＝３２９５＝３４１５
http://www.koubunken.co.jp

印刷・製本／三省堂印刷株式会社

ISBN978-4-87498-877-0　C0021